大企業イノベーション

新規事業を成功に導く4つの鍵

北瀬聖光
KITASE MASAMITSU

幻冬舎MC

大企業
イノベーション

新規事業を成功に導く４つの鍵

プロローグ

ＡＩや各種ロボットの活用、自動運転の高度化やさまざまな用途に対応するドローンの開発など、ＩＴや製造業の世界では日進月歩で技術が発展しています。過去の成功モデルがいつまでも通用することはなく、イノベーションを起こさなければ時代の大きなうねりのなかで淘汰されてしまいます。しかし、これまでＩＴや製造業を牽引してきた大企業においてイノベーションは停滞しています。社内の優秀な人材は既存事業のエースとして囲われていることが多く、新規事業開発の場面で活躍する機会はまれです。新規事業のアイデアが生まれても社内には意思決定者に上申して承認を得るという何段階ものプロセスが待ち構えています。

さらにそこでの評価は「どれくらいの売上になるのか」「3年で黒字化できるのか」「リスクは全部つぶしたか」など、既存事業と同じ時間軸と基準が適用され、結果として事業の芽が摘まれてしまうということが起きています。また「コア技術や優秀な人材は外に出すべきでない」と内部リソースに過剰にこだわり、外部との連携の機会を失うといったことも起きています。

私が所属するＮＥＣもこうした課題を抱え、研究シーズはあるが事業化が下手だといわれる大企業の一つでした。しかし、業績が大きく悪化した２０１３年に「このままでは未来はない」という経営層の強い危機感から事業の創出と保守的な組織文化の改革を目的として「ビジネスイノベーション統括ユニット（ＢＩＵ）」を立ち上げ、ＮＥＣがイノベーティブな企業に変わっていくために再生への第一歩を踏み出しました。

まず私が着手したのはチーム内での共通言語づくりです。多くの場合、コミュニケーションは仕事の成否を分ける要因になります。新規事業開発チームのメンバーのなかで、事業開発全体から見てどの段階の話をしているのか、なんの話をしているのかといったやり取りを円滑にするため、私は新規事業開発における共通言語を定めました。

次に新規事業部門の評価面でも改革を行いました。もともと、新規事業部門は既存事業の基準においては評価されにくい側面があり、これは新規事業開発において障壁となっていました。多くの人は評価されない取り組みを継続することができませんし、評価がなければ予算も付きません。そこで、新たに新規事業向けの業績評価制度をつくりました。

さらに新規事業の立ち上げでは、大企業が抱えるスピード感の課題を解決するために社外資本を活用したカーブアウトを積極的に行い、並行して社内外の知見を融合させるオープンイノベーションを大胆に推し進めていきました。その結果、アメリカでAIデータ分析事業を行う企業の設立や、海外企業との協業で進めるAI創薬事業やヘルスケア分野への進出など、これまでになかった事業を次々と創出し、成功することができています。

この取り組みを通して私は、大企業がイノベーションを成功させるためには4つの鍵があると確信しています。初動で明確なビジョンとゴールを定めること、新規事業開発を担える人材を招集し継続的に育成する仕組みを構築すること、新規事業開発の事業評価制度を新たに確立すること、そして新規事業開発プロセスごとの共通言語をつくることです。これらができれば大企業発のイノベーションは成功へと近づきます。

本書ではこの4つの鍵についてNECの事例も交えながら詳しく解説しました。大企業で新規事業開発に取り組む担当者や責任者、役員の皆さんの参考にしていただければ幸いです。

目次

PART 1
なぜ日本の大企業ではイノベーションが起こらないのか

PART 2

ベンチャー企業にはない大企業ならではの難しさがある 大企業の新規事業開発を成功に導く4つの鍵

PART 3

第1の鍵 事業ビジョン

カーブアウトか社内事業化か、初動で新規事業のゴールを明確化する

PART 4

第2の鍵 チームビルディング

社内外から新規事業に適した人材を招集・育成する

PART 5

第3の鍵 評価制度改革

既存事業の評価制度ではなく、新規事業の開発ステップに応じた評価制度を細かく構築する

PART 6

第4の鍵　事業開発プロセス

事業戦略策定、事業検証、事業化準備、事業開始……プロジェクトのフェーズを明確にしてメンバーの認識を統一する

PART 7

大企業が新規事業を成功させることで、さらにイノベーション文化を日本に根づかせることができる――

PART 1

なぜ日本の大企業では イノベーションが 起こらないのか

立ち遅れる日本のイノベーション

冷戦が終結したあとの複雑な国際情勢のもと、先が予測しにくい状況になったことをとらえて軍事用語としてＶＵＣＡという言葉が使われ始めました。Volatility（変動性）、Uncertainty（不確実性）、Complexity（複雑さ）、Ambiguity（あいまいさ）の頭文字を取った言葉で、２０１０年代からはビジネスパーソンの間でも使われるようになりました。グローバリゼーションの進行や相次ぐ地域間紛争やテロ、ＩＴやＡＩなどの目覚ましい技術革新、そして新型コロナウイルス感染症拡大など私たちを取り巻く環境はますます複雑さを増しており、想像以上のスピードで物事が変化し続け「超ＶＵＣＡ」といってもよい時代となっています。

こうしたなかでは、製品やサービスのライフサイクルは非常に短くなっています。仮に競争優位に立つ事業があり、安定した売上を出していたとしても、優位を保つことは難しく、新たな製品やサービスの開発が欠かせません。個々の企業には状況の変化をすばやく察知しながら、時代に適応した人材を育成し組織と行動を柔軟に変えていくことが求められています。

ところが、自ら変化し挑戦を通して新たな成長を実現していかなければならない時代において、日本企業は足踏みを続け、世界のなかで日本の存在感は低下の一方です。

1980年、世界のGDPに占める日本の割合は9・8%でした。それが1995年には17・6%まで上昇したあと、2010年には8・5%と、ほぼ30年前の位置づけに戻りました。このまま推移した場合、国際機関の予測によれば2020年には5・3%、2040年には3・8%まで低下すると見られています(内閣府「選択する未来――人口推計から見えてくる未来像――」)。

国際比較がしやすい一人あたりの名目GDPを見ると、日本の地位の低下はさらに顕著です。2000年、日本はルクセンブルクに続く世界2位でした。しかし、2022年には31位へと転落しました。アジアでも2000年代までは一貫して首位でしたが、2010年にはシンガポールに抜かれ、2014年には香港に抜かれ、韓国と台湾にも間もなく抜かれるという状況です(IMF資料)。しかも、先進国といわれた各国がおしなべて地位を大きく落としているというのではありません。過去20年を見てもアメリカは4位、5位を維持し、ドイツ、フランス、イギリスはむしろ順位を上げています(公益財団法人日本生産性本部「労働生産性の国際比較２０２１」）。日本だけが大きく凋落しているのです。

企業の時価総額を見ても、１９８９年に日本企業は世界の時価総額トップ5を独占しただけでなく、上位50社の実に7割近い32社を占めていました。しかし、それから30年余りを過ぎた２０２３年6月時点では、かろうじてトヨタ自動車1社がトップ50ギリギリの44位にランクインしているに過ぎません。最新の国際経営開発研究所（ＩＭＤ）の世界競争力ランキングを見ても、２０２３年の日本は前年を下回る35位となり過去最低を更新しました。ランキングの発表が始まった１９８９年から日本は4年連続して世界1位だったにもかかわらず、今は下位に甘んじ、アジア太平洋地域の14カ国・地域中でも11位という下位にあります。何事につけアジアのなかでは日本がトップという素朴な思い込みが多くの人にありますが、少なくとも経済でいまや日本はアジアのなかの下位国です。

こうした日本の低迷の原因は、不確実で不透明な時代にあって最も求められるイノベーション【注1】の停滞にあります。外部環境が劇的に変わっていくなかで、日本企業は積極的にイノベーションを起こし、適応していくことができていません。実際イノベーションの創出の状況を見ると、日本の企業は大きく後れを取っています。創出の主体は圧倒的にアメリカの巨大ＩＴ企業に集中し、日本や日本企業の存在感は低下を続けるばかりです。

例えばＷＩＰＯ（World Intellectual Property Organization：世界知的所有権機関）が研究開発投資や国際特許商標出願数など81の指標を用いて各国のイノベーションエコシステムをランキングにしたGlobal Innovation Index（ＧＩＩ）の２０２２年版では、日本は13位にとどまっています。前年も同じく13位で、過去10年以上、日本は連続してトップ10ランク外という状況にあり、韓国の６位、中国の11位に比べても後れを取っています。

ほかにも日本企業の低迷を示す指標は少なくありません。国立研究開発法人新エネルギー・産業技術総合開発機構（ＮＥＤＯ）がまとめた「オープンイノベーション白書　第三版」によると、設立から10年以内のＩＴ系のスタートアップで企業評価額が10億ドル以上の非上場企業であるいわゆるユニコーン企業の数を見ても、２０１０年から２０１９年までの累計でアメリカは２０７社にのぼります。次いで中国が１０２社、以下イギリス21社、インド18社と続きますが、日本はわずか３社にとどまり、イノベーション創出の立ち遅れは際立っているのです。

しかし、日本企業が新規事業の基礎となる研究開発に取り組んでいないのではありません。２０２１年の日本企業の研究開発費は13・９兆円にのぼり、アメリカ、中国に次いで世界3位の規模でした。企業に所属する研究者の数も51万5０００人で、これも中国、アメリカに次いで世界3位なのです（いずれも文部科学省「科学技術指標２０２２」より）。

では、なぜそれらの研究開発投資がイノベーションにつながらないのかというと、研究開発への取り組みの内容に踏み込んでいくことで理由が見えてきます。「オープンイノベーション白書　第三版」作成に当たって実施されたアンケート調査（回答数２８３社）によれば、日本企業の研究開発の実に50％が「既存技術の改良型の研究開発」のために行われており、34％が「市場開拓型の研究開発」のためのものとなっています。「非連続型の研究開発」を目的としたものは16％に過ぎません。既存技術の改良やそれを活かした市場開拓には熱心に取り組むものの、投資リスクが高いと考えられる未知の研究開発領域への取り組みは非常に弱いものになっているのです。

起業家マインドが際立って低いのも日本の特徴です。文部科学省がまとめた「主要国における起業無関心者の割合の推移」[注2]（「科学技術指標２０１９」）によれば、日本は75・８％と圧倒的に高く、アメリカ21・６％、ドイツ32・１％、イギリス39・３％、フランス43・５％などに比べると30～50ポイントもの差がついています。

いくつかの指標を見るだけでも、日本企業はリスクを取ってチャレンジする経営も、率先して担う人材も不足していることは明らかです。このままでは主要先進国のなかだけでなく、イノベーション興隆が著しい諸外国に対しても劣る現状を打ち破ることができません。

多くの大企業が直面するイノベーションの壁

特に大企業[注3]でイノベーションは停滞しています。

日本の企業は99・7％が中小企業であることはしばしば指摘されていますが、「オープンイノベーション白書　第三版」によれば大企業に全従業員の38％、日本の総資産の6割強、知的財産の85％が集中しています。日本の経済に対する影響力は大企業のほうが強く、大企業こそイノベーションの担い手でなければならないのです。

しかし、大企業にはすでに安定した売上と利益を挙げている主力事業があります。そのため大企業がまず意識するのは「守り」であり既存事業の深化です。安定した売上と利益、巨大な組織と資産、株主をはじめとする多くのステークホルダーの利益、ノウハウや知的財産、定着した社会的評価――これらを守らなければなりません。そのため既存の顧客に対して高品質の製品やサービスを提供し続けることへのこだわりが強く、現状の取り組みの改善や改良への志向が強くなり、研究開発投資もそれに沿ったものになっています。

また、大企業は事業規模が大きいことから組織はさまざまな部門に分かれています。しかし、組織が生まれれば組織最適化が否応なく進み、孤立して小さな競争が生じやすくなります。組織間に縦割りの壁が生まれます。この壁の存在もイノベーションの創出を妨げる大きな要因です。常に自らの部門を最優先に考えることから、自部門の事業や組織を危機にさらすようなチャレンジには前向きになれません。他部門が自部門に影響を及ぼすことのないチャレンジならどうぞおやりくださいとなっても、自部門の顧客や売上、人材に影響が及びそうなら、それには反対する、もしくは表だって反対しないまでも非協力的な態度を取るという部門第一主義が取られてしまうのです。

新規事業開発の経験がなく、ノウハウがないということも、大企業のイノベーションを押しとどめている理由です。大企業には自らの業務外で新規事業を立ち上げた経験のある人はほとんどいません。また、大企業には既存事業を拡大する仕組みはあっても、未知の事業をゼロから立ち上げる仕組みやノウハウはありません。数十年、あるいは１００年近い前の創業時にさかのぼれば、大企業といえども数人の起業家からスタートしたはずです。かつてはまさにスタートアップであったはずなのです。しかし、その世代はもう社史のなかだけの伝説の存在であり、間近にその言葉や行動に接したり、教えを受けたりした人もいません。新たなビジネスを思いついても、どのように事業化したらよいのかが分からないまま埋もれてしまうということも少なくないのです。しかも、日本は恥の文化です。知らないことを知らないと公言したり、人に聞いたりすることには勇気が必要です。また、失敗は常にマイナスにカウントされます。こうした独特の文化も新たな一歩を踏み出すことをためらわせる要因です。

「守り」に軸を置きがちな大企業

大企業は経営も組織体制もマインドも、まず「守り」に軸足を置いた存在であり、イノベーション創出という課題の実現はプラスの評価を勝ち取りにくい文化です。だからといって、イノベーションはスタートアップの専売特許であり、新規事業開発はスタートアップに期待すればよいと割り切ることはできません。

資金力と資産、優秀な人材と社会的な信頼をあらかじめ有している大企業は、考案された新たなビジネスモデルを一気に拡大させる底力をもっています。スタートアップ企業も一定の資金を集めることはできます。しかし、大企業の資金力は大きく勝り、社会的な信用を背景にしたさまざまなファイナンス手法も採用することができます。さらに人材確保という点では、自社内で企画・営業・研究開発・財務・法務といった各分野のエキスパートを短時間で招集し、資金力やブランド力を背景にした外部人材の獲得も比較的スムーズに進めることができます。スタートアップ企業にはない大企業ならではの魅力です。

「この新規事業は有望」という判断ができたとき、国内はもちろん世界の市場で一気に事業展開ができるのは大企業ならではです。大企業こそ新規事業開発の先頭に立ち、日本発のイノベーションの担い手になっていく可能性をもっているのです。

業績低迷から再生への第一歩となったBIU設立

２０２２年度実績では連結売上高3兆３１３０億円、連結で約11万８０００人を擁するNECグループは、IT分野で日本を代表する大企業の一社です。今から１２０年以上前の１８９９（明治32）年に創立され、２０００年を迎えるまでは順調に事業を拡大してきました。ところが、急激な経営環境の変化のなかでその年をピークに業績が低迷、不採算事業の整理などさまざまな対策を進めたものの、売上高は下降線をたどり続け、２０１２年7月にはついに株価が１００円を切るという事態に直面しました。IT業界のなかでもNECグループの低迷は際立ち、「一人負け」「技術はあるが事業化が下手」といった声も聞かれました。「このままでは未来はない。第二のNECをつくらなければならない」という経営層の強い危機感から、２０１３年4月に新規事業の創出と保守的な組織文化の改革を目的として「ビジネスイノベーション統括ユニット（BIU）」が生まれました。CEO直轄の本社（コーポレート）部門の組織です。本社直下に置いたのは、既存の事業部門や研究所のR&D（Research & Development）部門には既存事業や既存顧客との強い結びつきが生まれており、新たな領域への挑戦は難しいと考えたからです。ＢＩＵの設立がＮＥＣ再生への第一歩でした。

しかし、典型的な「守り」の体質をもった大企業であるＮＥＣで、事業部門の枠を超えて新規事業をつくり上げていくことは決して簡単なことではありませんでした。

イノベーション創出と企業のカルチャー変革で生まれ変わったＮＥＣ

「何かやっているらしいが、いつになったら黒字化するんだ？」「俺たちが稼いだ金で気楽なもんだ」「大切な顧客のところにそんな半端なものを持っていけるか」「コア技術を外に出すなど、何を考えているんだ」などといったさまざまな反発、否定、なかには耳を疑わざるを得ないものまでありました。しかし、ＢＩＵは粘り強く新規事業開発への取り組みを続けました。既存事業の拡大とは異なる新規事業開発の仕組みづくりや、短期的な売上・利益に注目するのではなく開発プロセスに応じた新たな事業性評価制度の確立、さらにビジネスデザイン人材の育成などに取り組みました。また、技術と資本を外に切り出してスタートアップをつくるカーブアウトをはじめとする社外での事業化のノウハウの確立も進め、さらにそれと並行して企業のカルチャー変革にも積極的に取り組むことで多くの成果を挙げてきました。

カーブアウトは自社の優秀な人材やコア技術を外に切り出すものです。当然、社内の激しい抵抗などその実現にはさまざまなハードルがありました。しかし、NECは変わらなければならない、BIUこそその先頭に立たなければならないという強い思いで取り組みを続けました。その結果、BIUが外に切り出した事業はこれまですでに10件を超え、総額で100億円（1ドル135円換算）を超える資金調達を達成しています。また、NECが提供する技術を基にシリコンバレーのリソースを活かして事業創出を図るNEC Xという会社を北米に構え、すでに10社のスタートアップを設立しました。目先の利益獲得にとらわれず、新規事業開発ならではの評価制度を整備したことで、事業成功の確率を上げることができたのです。さらに、オープンイノベーションにも積極的に取り組み、定款の変更を先んじて実施したうえでAI創薬事業やヘルスケア分野での事業も進めています。かつて事業化が下手だと指摘されたNECから新規事業がさまざまな形でスタートし、今では「あのNECが変わった」と言われるまでになりました。もちろん、一朝一夕にできたものではありません。大企業ならではの苦労もありましたが、確かにNECという巨艦の舵を切ることに成功しました。どうすれば大企業発のイノベーションが可能になるのか、NECの事例も交えながら詳細に論じたいと思います。

【注1】　企業が実現するイノベーションについて本書では「オープンイノベーション白書　第三版」に従い「開発などの活動を通じて、利用可能なリソースや価値を効果的に組み合わせることで、これまでにない（あるいは従来大きく改善された）製品・サービスなどの価値を創出・提供し、グローバルに生活様式あるいは産業構造に変化をもたらすこと」という定義を前提に論じています。

【注2】　起業無関心者とは、「過去2年間に新しく事業を始めた人を知っている」「今後6か月以内に自分が住む地域に起業に有利なチャンスが訪れる」「新しいビジネスを始めるために必要な知識、能力、経験をもっている」の3つの質問すべてに「いいえ」と回答した人を指します。

【注3】　「大企業」の呼称を巡っては、中小企業について法律上の明確な定義があるものの大企業については存在しません。本書も、資本金や従業員、売上高といった数値によって大企業の枠を定めることはせず、一般的に中小企業を上回る規模を有し、かつ歴史のある企業を指すものとして使うこととします。

PART 2

ベンチャー企業にはない大企業ならではの難しさがある大企業の新規事業開発を成功に導く4つの鍵

大企業の新規事業開発が陥りやすい問題点

大企業特有の守りの体質や自部門第一主義、そして新規事業開発に関する経験の浅さ――これらを背景に、大企業発の新規事業開発は停滞しています。NECはまさにその一例でした。その実態を詳しく見ていくと問題点が見えてきます。

◯掲げるビジョンが抽象的で、続くアクションが想起できない

イノベーションの推進に向け、経営トップが自社のミッション、ビジョンなどを掲げ、目指す社会や提供すべき価値を示し、旗を振っています。しかし、それは往々にして「夢のある社会の創造」とか「新たな価値の提供を通じた社会貢献」といった抽象的なものにとどまっています。実際にどういう未来を創造するのか、そのためにどのようなアクションを起こすのかという具体性を欠いているのです。

そのため「何か新しい事業アイデアを出せ」と言われても、結局、ミッションやビジョンに沿っているような、沿っていないような既存事業の延長にあるようなものしか出て

きません。ビジョンが抽象的過ぎて、事業アイデアは平凡なものにとどまるという現象です。どういう未来価値を実現するのか、そのためにどういう役割を果たすのか、価値創造のゴールや活動領域、そこで発揮する自社ならではの役割を具体的に示すことが必要です。

3年ごとの中期経営計画の策定過程で「既存事業の拡大では計画最終年の目標数値が達成できない。新規事業が必要だ」とされるケースもよくあります。新規事業開発室がつくられ、担当部長や役員からは「既存事業や自社の経営資源にとらわれず自由に考えてくれればよい」というお墨付きを与えられてメンバーは一生懸命に議論を重ねます。しかし、3カ月から半年ほどの検討を経て新規事業企画をプレゼンテーションすると「なんか違う」「こんな規模感ではない」「なぜあの要素が入っていないのか」といった漠然としたフィードバックが返ってきます。これも新規事業開発のビジョンが不明確で、ただ売上数字をつくるための取り組みでしかないからです。

長期の大きな構想に対しては「来年はどうなるのか」という反応があり、短期の目標を示すと「最終的にはどのくらいの規模になるのか」と聞かれます。新しい事業企画を示すと「誰もやっていないということは、魅力がないということではないのか」と言われます。逆に少しでも似たような事業があると「それはもう他社が始めている。二番煎じでどうするのか」と突き返されるというように、どこまでいってもコミュニケーションがうまく取れないといったことが起きています。その後も役員と現場との噛み合わないやりとりが何度か続くうちに双方とも熱が冷め、検討だけがずるずると続いているといったことがしばしば見られるのです。これも、出発点に据えるべき新規事業開発のミッションやビジョンが漠然としていて抽象的であるところからきています。

「新規事業開発室」が運営事務局となって社内でビジネスアイデアコンテストが実施されることもあります。これも当初のビジョンがはっきりしないことの一つの表れであり、要するに「どんなことでもよいから何かやろう」というスタンスです。

多くの社内コンテストの場合、審査で有力と判断されたアイデアは社外から新規事業開発に詳しいアドバイザーも加わってビジネスモデルのブラッシュアップが行われます。予算も付いて応募者が自ら担当し、実際に事業化に取り組むということになっています。

しかし、こうした社内公募で浮かび上がったビジネスアイデアから、既存事業に肩を並べるような新規事業が育ったというケースを耳にすることはあまりありません。そもそも各事業部門では、日頃から既存事業やその周辺へのビジネスの拡大の可能性を検討しています。部門の外から公募で出てくる事業アイデアはすでに検討済みであるか、もともと事業化に難点があるものが多く、仮に面白いアイデアでも、それを実行し、成熟させていくのは非常に難しいのです。

「やりたいことがあれば手を挙げることができ、認められれば自分で担うこともできる」というのは、社内向けや就職活動中の学生向けに「挑戦できる企業風土」をアピールする効果はあるかもしれません。社内に埋もれている、新規事業に積極的な人材を発掘するという役割は果たせます。しかし、新規事業の創出という本来の目的からいえば、実現性は低いといわざるを得ないのです。

○形だけのオープンイノベーションに終わることが多い

新規事業開発のためにオープンイノベーションなどの社外連携の追求をしている大企業もあります。よく耳にするのは、例えばゴルフ場などで自社のトップが他社のトップと親しくなり「一緒に事業をしましょう」と話をまとめて、トップダウンでプロジェクトが始まるというものです。「社長の肝煎り案件」として大切にされるものの、事業のビジョンや目的、内容以前に「とにかく何かやる」という協業ありきになっていることから、連携自体が目的化されていることが少なくありません。議論が必要な場面で突っ込んだやりとりが回避されたり、言いたいことがあっても互いに遠慮したりしてしまうといったことが起こりがちです。トップダウンの「共創」ではなんらかの事業を仕立てることはできても、継続的に育てていくことはできないことがほとんどです。

また、有望な技術や事業アイデアを求めて、スタートアップや大学の研究室との連携を追求する大企業もあります。しかし、多くの場合、大企業側は対象となる企業や大学を協力会社のようなものとして下に見たり、とりあえず付き合いを始めたいといったスタンスで関わったりすることが多く、新たな価値創造のパートナーとして正面から位置づけることができていません。既存事業を大きく伸ばしてきたという成功体験が障害になっているからです。そのため、スタートアップなどの提携対象に対して上から批評的に関わったり、事業戦略を主導しようとしたり、意思決定を従来の自社事業と同じペースで進めようとする「自社スタイル」の無意識的な押し付けにつながることが多いのです。仮に新規事業がスタートしたとしても、小規模なものにとどまることが少なくありません。またスタートアップが大企業を見放すケースもあります。例えば、事業成長のためではない資料づくりを強いられたり、意思決定に時間が掛かり過ぎたり、常にボトムアップ型で稟議を重ねていくスタイルが敬遠されてしまうのです。

○評価手法が未確立で既存事業と同じ基準が適用される

新規事業計画として具体的な検討の議論が始まっても、大企業では「3年で黒字化できるのか」「確実に儲かるというエビデンスを示せ」「リスクはすべてつぶしたか」「未完成のプロダクト（製品）を重要顧客に提供したら迷惑を掛けるし、当社のブランド価値を毀損する」というような反論がすぐに出ます。既存事業と同じ時間軸や評価軸、経済合理性で事業の価値が判断されるのです。単年度予算という枠で考える限界もあります。ベンチャーキャピタル（VC）やスタートアップは単年度での予算取りのような時間軸では動いていません。また、法務や知的財産管理、財務などの大企業の守りの要となっている部門の新規事業開発室に対する評価や審査も厳しいものになりがちです。守りの部門から大量の質問が寄せられ、それに回答をするために、新規事業開発室が膨大なエネルギーを注がなければならないという事態も生まれています。満足のいく回答ができない場合には、新規事業開発にストップが掛かるということも少なくありません。これではいつまで経っても新規事業はつくれません。

既存事業の評価に適用される売上や利益の数字を重視する評価は、新規事業開発の立ち上げ期には適用できません。新規事業開発の評価の基準となるのは「確実に成功できたか」

ではなく、「創造性豊かに探求、検証をすばやく積み重ねることができたかどうか」です。市場論を抜きにした短期黒字化や、企業全体の売上規模と比較しての売上規模の評価は、新規事業開発で求められているものへの無理解からきているといわざるを得ません。事業ビジョンの策定に始まり、ビジネスモデルの作成、製品開発、そして市場投入という新規事業開発の段階ごとに、何をどう評価するのかという指針を明らかにしなければなりません。

○メンバーにやらされ感があり、成長の道筋が見えない

新規事業開発室は各部門からの「寄せ集め」でつくられることが多く、「事業に勝つ」という明確な目的のもとでチームビルディングされるケースは少ないです。

しかも招集されたメンバーは新規事業開発の重要性は理解しつつも、目標が見えません。新たな部署で自分がどう評価されるのか、それまでのキャリア形成は継続できるのか、賞与はどうなるのかといったことが不明確なままスタートする場合が少なくないのです。当然大きな不安を感じることになります。新規事業開発の仕事には「イノベーション」というキラキラしたイメージがあります。しかし実際には、最終的な商品やサービスを新製品として発表できなかったり、市場投入できても販売が低調で撤退せざるを得なかったりする

こともしばしば起こる泥くさく苦しい活動です。すぐに企業業績に大きく貢献できるものではなく、むしろ新規事業の多くは失敗すると考えなければなりません。

にもかかわらず既存事業と同様の評価軸が適用される、あるいは独自の評価軸が明らかになっていないという状況では、集められたメンバーのモチベーションは上がりません。既存事業同様「結果でしか評価されない」のなら、「結果が出ないことのほうが当たり前」の新規事業開発への取り組みに力が入るはずはないのです。仮に事業のタネを見つけたとしても、失敗に終わることを恐れて心理的なバイアスが掛かり、自らブレーキを掛けてしまうこともあります。スタートアップであれば「面白い！　やってみよう！」とシンプルに走り始めるだけです。しかし大企業は、「市場が小さいからたいした売上にならない」「大手はどこもやっていない」「今の法制度では無理」「失敗したらブランドが傷つく」「上がウンと言わないだろう」といったネガティブな意識になり最初から諦めてしまうのです。また、そのメンバーが兼務であれば、成果を出しづらい新規事業開発よりも成果を出しやすい従来の仕事のほうに注力しがちになります。

スタートアップであれば、創業メンバーにはストックオプションなどのインセンティブが与えられ、新規事業の成功は巨額の収入につながることもあります。しかし、上場企業からスタートアップに出向したメンバーに、ストックオプションの権利が付与されることはまれです。それどころか、以前より評価を下げてしまう危惧もあり、結果として優秀なメンバーの退職のきっかけになってしまうことすらあります。ただ既存の事業部門から優秀なメンバーを集めただけで、独自の評価手法も用意しないのであれば、メンバーにはやらされ感だけが広がり、高いモチベーションを維持することが難しいのです。

やらされ感を抱くことなく情熱を維持しているメンバーもいます。しかし、そのようなメンバーがいたとしても、ほかの職種と違って蓄積されたノウハウもロールモデルとなる経験者も少なく、このまま新規事業開発の分野でスキルを積んでいくことにどういう価値があるのか分からないと悩み、やがてつぶれてしまう人が多い印象があります。

新規事業開発メンバーの評価は、結果として事業化がうまくいったかどうかだけではありません。開発の過程で視野を広くもち多くの気づきを得ることができたか、仮説を立ててそれを検証する能力は十分であったか、柔軟に事業転換しながら新たな製品を発想することはできたか、事業資金を確保するためのファイナンススキームなどについて豊かに構想することができたかといったことも担い手の重要な評価項目です。あらかじめこうした評価の項目が明らかであれば、任命されるメンバーも高いモチベーションをもって業務に当たることができます。新規事業開発室で自分がどのように成長できるかが思い描けるからです。

○経営状況によって縮小・撤退も検討される

大企業の新規事業開発は、しばしば一般管理部門と同様に直接的な利益を生まないコストセンターととらえられます。そのため、わずかでも経営状況が悪化するとコスト削減対策の一つとして活動費が削られるということが起こります。しかし新規事業開発費用はコストではなく、企業の成長に向けた中長期的な投資です。新規事業開発の活動は、経営状況の不安定さに左右されずに1年あるいは複数年の投資予算を確保することが必要です。そのことで、新規事業開発メンバーの健全な心理的安全性を確保し、新しい挑戦を応援してくれる顧客を巻き込むことができるようになります。

大企業の新規事業開発を成功に導く4つの鍵

大企業での新規事業開発をいかに成功に導くか、大企業が現在その途上で直面しているさまざまな壁を見ていくと、大企業であるがゆえのいくつかの特徴的な問題点が浮かび上がってきます。

①「うちも他社のように何か新しいことを考えなければ」とビジョンやゴールがないままスタートしてしまう。
②新規事業開発の独自のプロセスや時間軸に無理解で、短期的な成果ばかりを求めている。
③開発途上の事業の評価や、それに従事するメンバーの評価、新規事業開発にふさわしい新たな人材育成ができない。

これらの問題点から導くことができる大企業イノベーションの成功の鍵は次の4つです。

〈第1の鍵　事業ビジョン〉
初動で新規事業のビジョンとゴールを明確にする

1つ目は、新規事業開発の始め方そのものです。どのようなビジョン、ゴールを目指すのか、何にこだわるのかという基本的な見取り図をまず明確にすることです。この初動の設計が不十分なまま「とにかく新規事業をつくれ」「何でもよいからアイデアを出せ」と走り始めたら必ず壁にぶつかります。逆に、きちんと始動することができればその後の開発も適切に進みます。初動にすべてが懸かっています。

会社が「新規事業開発に取り組まなければならない」と考える理由はさまざまです。例えば、既存事業の現状以上の成長は難しく、どうしても早期に柱となる事業をつくり出さなければならないという場合があります。仮に3年以内に100億円を売り上げる新規事業が必要だというのであれば、短期間で確実に事業を育てなければなりません。当然M&Aが視野に入ってきます。M&Aも立派な新規事業です。

あるいは、既存事業を海外市場に展開することで売上を伸ばすということも考えられます。これも市場を横に広げていくという意味で、新規事業開発の一つです。また、研究開発部門で画期的な新技術を開発したので、早期に製品化して他社に先行したいと考えて取り組む新規事業もあります。

さらには、未知の分野に積極的にチャレンジしていく人材を育て、守りに傾いている企業風土を変えたいという視点から新規事業開発に取り組むケースもあります。一言で新規事業開発といっても目的はさまざまなのです。大切なのは、明確で具体的なビジョンとゴールの設定です。

〈第2の鍵　チームビルディング〉
ゴールに合ったチームを編成し、新規事業開発を担える人材を継続的に育成する

目的とゴールが違えば、どのようなメンバー構成で新規事業開発チームをつくるかということも変わってきます。

M&Aに注力するなら、財務や法務の専門家、デューデリジェンス（投資対象の適正評価手続き）の経験やノウハウをもつメンバーが欠かせません。事業開発を急ぐなら開発のプロセスに習熟した人材が必要であり、新市場を拡大していくのならその市場の動向に詳しい人材が求められます。目的によって必要となる人材は異なり、もし社内で十分な用意ができないのであれば、社外から見つけてくることも考えなければなりません。

また、一つの新規事業開発にとどまらず、それを担える人材を継続的に発掘し育成していくことも大企業での新規事業開発を成功させる大きな鍵です。新規事業開発は楽しそうなものとして語られることもありますが、なかなか先が見通せず、成功の確率は低く、評価

もなかなか得にくいものです。さまざまな能力だけでなく、こうした厳しい環境下でのストレス耐性やそれを乗り越えていく意志、行動力が求められます。それは個々のスキルのレベルではなく、高い成果を出す人間に共通して見られる能力や行動特性とも呼ぶべき人間力です。どのような特性をもっている人が新規事業開発にはふさわしいのか、そのような人をいかに見つけ、さらにその能力向上を図っていくのか、これらの明確な見通しをもつことが必要です。たまたま新規事業開発の得意な数人のスーパースターがいて、それがうまく機能することで事業開発に成功しても、継続して新規事業を生み出していくためには、それを担う力をもった人材を継続的に発掘し育成していける組織でなければなりません。

〈第3の鍵　評価制度改革〉
既存事業と異なる独自の評価制度を築く

新規事業開発がうまくいっているのか、次のフェーズに進むべきかどうかの判断を適時に下すことが新規事業開発を成功に導く3つ目の鍵です。多くの場合、既存事業と同じ基準で評価され、違う評価軸をもつべきだと考えながらも事業開発のステージに応じて具体的にどのような定量評価と定性評価を行うべきかが明確になっていません。まだアイデアの段階であるにもかかわらず「いくら儲かるのか」といった問いを投げ掛けるのがその典型です。どの段階になったら事業に入り、何をクリアしたら追加投資をするのか、あるいはどのような状況になったら撤退するのか、そうした基準も不明確なままです。そのため、新規事業開発を進めているものの、うまくいっているのかいないのか、このまま進むべきか戻るべきか、その判断もつかなくなってしまうのです。新規事業開発では、段階に沿った評価方法を確立することが欠かせません。

〈第4の鍵　事業開発プロセス〉新規事業開発ならではの共通言語をつくる

新規事業開発成功の4つ目の鍵となるのが、共通言語の確立です。新規事業開発を進めるためにはそもそもどのようなプロセスがあり、各段階で何を実現していかなければならないのか、という理解が欠かせません。しかし、既存事業を守り、育てることしか行っていない大企業には、新規事業開発独自のプロセスへの理解が乏しく、新規事業開発を語る共通の言語をもっている企業は非常に少ないのです。

「なぜまだ黒字化できないんだ」といった批判は、既存事業と同じ時間軸を単純に当てはめていることから生まれます。開発チーム側は「いや今はまだそういう段階ではない」と考えているので議論はまったく噛み合いません。一方は既存事業の開発プロセスを思い描き、もう一方は、新規事業の開発プロセスを念頭に置いています。想定しているプロセスにずれがあり、使う言葉も別のものです。これがコミュニケーションエラーのもとになってしまうのです。成功と失敗の大きな差の一つは必ずコミュニケーションにあります。

プロセスについての共通理解があれば、今はこの段階だから、こういうことに注意が必要だとか、次はこういう段階に入るので、その準備として今はこれをしなければならないというように意思の統一がしやすくなります。その結果、プロセスごとに噛み合った議論が生まれ、新規事業開発の成功に近づくことができます。

大企業での新規事業開発は、まず初動時に目的やゴールの設定をきちんと行うことです。そして、その実現を可能にするチームビルディングを進めると同時に新規事業の担い手を継続的に輩出する仕組みをつくり、さらに評価方法の明確化とプロセスに関する共通言語を確立する――この4つをクリアすることが成功につながります。

PART 3

第1の鍵　事業ビジョン

カーブアウトか社内事業化か、初動で新規事業のゴールを明確化する

BIUカーブアウト第1号「dotData（ドットデータ）社」の成功

２０１８年２月にアメリカのシリコンバレーで創設したdotData社は、ＮＥＣ内における新規事業創出を主なミッションとしてつくられたビジネスイノベーション統括ユニット（ＢＩＵ）が手掛けたスピンオフによって誕生したスタートアップ第１号です。33歳でＮＥＣ中央研究所の史上最年少主席研究員となった藤巻遼平氏がＮＥＣを退職しＣＥＯとなって、ほか３人とともに立ち上げました。ＡＩを使って機械学習に基づくデータサイエンスのプロセスを自動化する製品を所有し、特に多数のデータアセット（価値あるデータ）を横断して、新しく透明性の高い特徴量を自動的に生成する独自の強みをもっています。２０２２年春には投資ラウンドでいうとシリーズＢの資金調達を完了し、事業も成長しています。

dotData社の成功はＮＥＣの新規事業開発に極めて大きなインパクトをもたらしました。社内に「新規事業開発はこのような手法もある」「確かにこういう新規事業の立ち上げは既存の事業部門では難しい」という新たな認識をもたらす結果になったからです。従来「規模が小さい」「黒字化の見通しが立たない」「基幹技術は外に出さない」といったさまざまな理由で新規事業への取り組みが進まなかったNEC内の保守的な体質を大きく変えるものになりました。

会社設立の発端は、その1年半ほど前の2016年の10月に藤巻氏から当時BIUに所属していた私にもち込まれた相談です。藤巻氏は、自身が手掛けていたAI技術（特徴量を自動設計し機械学習モデルをつくるプロセス全体を自動化する技術）について早期に事業化したいと事業部門に打診したところ「投資判断をする材料が不十分だ」と突き返されてしまったのでした。藤巻氏は、このままNECの事業化の手続きやルールのもとで進めていたら最低でも3年掛かると思う。しかし、日進月歩のAIの世界で今から3年後に発表してもすでに先行企業が市場を席巻しているのは目に見えている。そこから参入するとなったらハードルが高過ぎる。なんとかならないだろうか――と相談してきたのです。

当時のNECはマーケティング以前に、開発、品質第一ありきでした。じっくりと研究を進め、そのうえでソフトウェアの開発部門が協力会社も巻き込んで開発し、テストを繰り返して完成度を高め、問題がなければ営業部門が販売するというものです。その途中で何度も次工程に進むかどうかを判定するための稟議が行われます。事業化までのプロセスに非常に長い時間が掛かっていたのです。また、仮に事業化できても、研究、開発、製品化、販売の各部門に役割が分かれていたことから、市場の状況に合わせて製品を臨機応変に継続的に進化させ続けることは困難です。

ほかにも問題がありました。それは人材確保です。仮に承認プロセスをやや早めることができ、プロトタイプを早期に市場に出してフィードバックを得て改良していくということが可能になったとしても、この分野で藤巻氏とともにそれが担える技術者は社内に数多くはいませんでした。新たに技術者をスカウトするしかありませんが、ＮＥＣの中途採用基準が前提になるので、当時は特別に好条件を示して急いでヘッドハントすることはできなかったのです。条件面での調整の難しさだけでなく、ＮＥＣという企業に雇用されることに抵抗を感じる技術者もいます。製品開発を急いで進めようとしても、社内だけを見て、あるいは社内の基準に基づいて人を集めようとしても求める人材は集められないのです。藤巻氏と私は時間と人の両面でカーブアウトして外で事業化するしかないと考え、ＮＥＣのなかで育てるのではなく外の力を使い、シリコンバレーで最速で成長させグローバルな製品に仕上げて早くに市場投入しようと決断しました。そうしなければ卓越した藤巻氏のＡＩ技術は宝のもち腐れになるだけだからです。

しかし、カーブアウトしようとしているのは、いらない技術どころかNECの事業の中核にあり最も成長が期待されているAI分野の最先端技術です。しかも将来を嘱望された最年少のエース研究員と最新の技術を社外に出してしまおうというものです。役員をはじめ、事業部、営業部、知財、人事、ありとあらゆる人から猛然と懸念の声が上がりました。「せっかく育てたエースを退職させるのか」「コア技術を失うことになるじゃないか」「子会社をつくって出向させればよいだろう」、挙げ句の果てには「あんた頭がどうかしているんじゃないか?」と私に浴びせるのです。

しかし私は、「今の社内体制ではいつまで経っても事業化できません。藤巻氏も辞めてしまいます。出向と言われますが、それでは『ダメだったらさっさと戻るのか』と本気度を疑われ、VCからの資金調達はうまくいきません。また、子会社でNECのコントロールが強いと分かれば、それもマイナスに作用します。有能な人材も集まらず、この技術、事業機会をつぶすことになります。それでもよいですか? この技術をNECの社内ルールで捨てますか?」と、一つひとつカーブアウトの意義を時には強い口調で説明していきました。

1年掛かってなんとか社内の合意を取りつけ、カーブアウトが実現しました。NECはdotData社の生みの親でもあり出資もしています。しかし、経営を外からコントロールすることはしません。株主あるいは社外取締役としてdotData社の成長のために貢献するのです。dotData社の運営は独立したものにしました。NECは社内のさまざまな規定を変更してdotData社との関係を新たなルールのもとに構築したのです。また次のdotData社のような新規事業を生み出しやすくするための制度も同時に構築していったのです。

併せて私たちは、最大限の経営の自律性を担保すると同時に、元会社であるNECにもメリットが生まれるように詳細を詰めていきました。

その一つが「dotData社製品の日本国内における独占販売権をNECが所有する」というものです。これなら迅速に魅力ある事業が立ち上がれば日本市場での販売も拡大し、NECにとっても大きなプラスになります。さらに将来の出口シナリオについてもあらかじめ詳細な取り決めをしました。

こうしたスピンオフの内容の工夫、つまり切り出し方の工夫を重ねることで、エース研究者が退職してシリコンバレーで起業するというNECにとって初となる新規事業開発が実現したのです。

藤巻氏がCEOとなり私も取締役として加わって2018年に4人でスタートしたdotData社は、翌年には「AI Breakthrough Awards 2019」で「Best Machine Learning Platform」

を受賞、機械学習自動化分野のリーダーであるという評価も得られました。その後順調に事業を拡大、2022年春にはシリーズBの資金調達を完了し、累計の資金調達額は7460万ドルにのぼっています。NECは日本国内でdotData社のデータドリブンDX事業（業務部門がAIの存在を意識することなく基幹システムでAIを活用し、さまざまな分析や予測の実行をサポート）を累計で約100社に提供し、売上・利益の面で大きな成果を挙げています。

目指すゴールによってすべてが変わる

BIUが外に切り出した会社の第1号となったdotData社は、NEC内に新規事業開発について新たな認識をもたらしました。

新規事業開発でまず必要になるのは何のために取り組むのか、そのビジョンとゴールの明確化です。いきなり「とにかく何か新規事業をつくるのだ」と走りだすとほぼ失敗します。

新規事業に取り組むために起業された会社はベンチャー企業と総称されますが、そのなかでも革新的なビジネスモデルでイノベーションを実現し、M&AやIPOを目指して一気に成長していく可能性をもった企業をスタートアップと呼んでいます。スタートアップはゴール、チームの考えも明快です。巧みなプレゼンテーションで資金を確保し、あとは突っ走っていきます。しかし大企業は違います。すでに成熟した事業があり、売上・利益があり、ブランドがあり、多くのステークホルダーがいます。守らなければならないものがたくさんあります。それでも、新たに経営資源を投入し、リスクを冒して新規事業開発に乗りだすのであれば、なぜ、何のために取り組むのか、その大きなビジョン、ゴール、こだわり、さらに具体的な事業化の展望、つまり出口を明確にしなければなりません。

そもそもなぜ新規事業開発に取り組まなければならないのか、その理由を意識し、危機感というエンジンを動かすことが必要です。一般に企業のライフサイクルには、導入期―成長期―成熟期―衰退期という4つの時期があるといわれます。導入期や成長期には「大きな市場がある。このチャンスを活かさなければ」というプラスの危機感があり、衰退期には「このままでは危ない。つぶれてしまう」というマイナスの危機感があります。

どちらにしても、こうした危機感のないところに新規事業開発の成功はありません。そもそも大企業での新規事業開発は、社内のさまざまな抵抗をはねのけて実現しなければならない〝いばらの道〟です。どうしてもやり通さなければならないという意欲がなければ、行動はすぐに安定した既存事業に戻ってしまいます。

また、新規事業開発に取り組む理由として、新たに事業を起こすのか、それともカルチャー変革や人材育成がしたいのか、どちらに重きがあるのかを明確にしなくてはなりません。

事業だというのであれば、いつまでにどのくらいの事業規模を期待するのか、その際、事業内容は問わないのか、それとも既存事業周辺でシナジー効果が期待できるものにするのか、例えば自社技術の価値貢献がないならば検討価値なし、などのこだわりを明確にすることが必要です。

事業規模もあらかじめ検討しておくべきゴールの要素です。半年で100万円でもよいから新規事業による売上があればよいというのであれば部門内で小さく取り組めばよいことです。そうではなく1年後には100億円の売上が欲しいというなら一部門のゼロからの立ち上げでは到底間に合いません。M&Aで一気に拡大することが手段の一つになります。

「新規事業」と一言でくくっている内容、それに対するこだわりの認識を合わせることがまず必要なのです。そこがあやふやなままにスタートすると、「なんか違う」「そんな規模感じゃない」という評価ならざる〝感想〟が生まれ、新規事業企画を担当したチームメンバーも「だったら最初から言ってくれればよいのに」とわだかまりを残すことになります。なぜ、新規事業開発に取り組むのか、その際の基準は何なのか、初動でまずゴールと評価基準についての合意形成が必要なのです。

そのためには図表2に示すような6つの問い掛けが有効です。

なぜ、イノベーションを成し遂げたいのか（1）、誰にどのような新規事業を求めるのか（2と3）、どこで、いつするのか（4と5）、こだわりは何か（6）という問い掛けです。これらについてそれぞれ議論を重ね、プロジェクトオーナーとチームメンバー間で合意するのです。細かいことですが、この合意形成をより価値のあるものにするためには、この6つの問いに対する各人の回答を一斉に提示することが大切です。一人ひとり順番に出していけば、前に出した人（特に上席）の回答への忖度が発生し、率直な意見交換や議論が阻害されます。

あらかじめ新規事業開発のゴールを合意させることが、不毛な議論や非生産的な発散を抑制し、迷ったときも「ここを目指しているんだよね」と戻っていける場所をつくることにつながります。

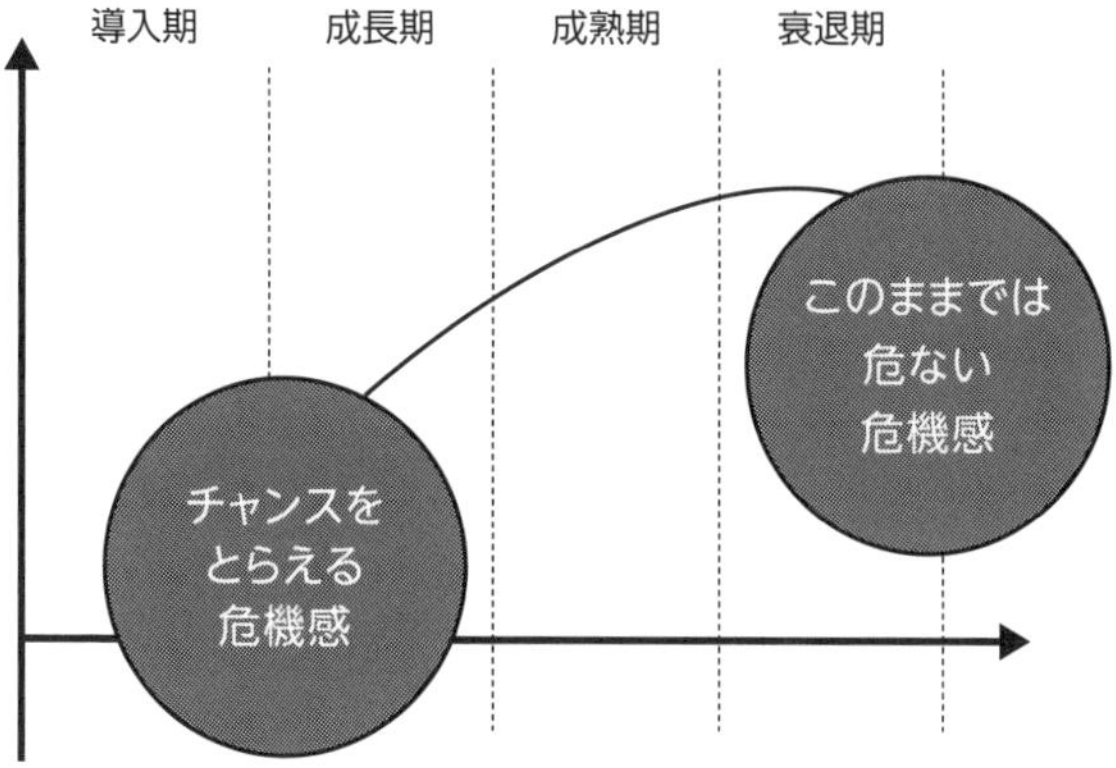

図表1　企業のライフサイクルのなかで起こり得る2つの危機感

1 WHY?　なぜ?
理由：どうしてイノベーションを起こしたい?
2 WHO?　誰?
対象者：ターゲット顧客は誰?
3 WHAT?　何?
欲しいのは製品?　サービス?　ビジネスモデル?
4 WHERE?　どこ?
乗りだす市場はどこ?　国?　地域?
5 WHEN?　いつ?
投入の目標時期は?
6 WHICH?　どれ?
新コンセプトがクリアすべき基準はどれ?

図表2　イノベーションの使命
『START INNOVATION! with this visual toolkit.』(ハイス・ファン・ウルフェン、BNN)を基に作成

出口の工夫が新規事業開発を成功させる

大企業における新規事業開発の始め方で重要なのは、ゴールやビジョンを明確にすると同時に出口も明確にすることです。

スタートアップは「それ面白い、やろう」と決断し、資金を集めて突っ走ります。資金が尽きたらそれで終わるのであり、出口の条件は明快です。

しかし、大企業での新規事業は、既存事業と同様に社内で事業化することもあれば、外に切り出して事業化することもあります。特に大企業では、既存事業を前提にした事業化の承認や事業評価の仕組み、人の評価基準などが新規事業にも適用されることが多く、それが新規事業開発の高いハードルになっています。また、独自の技術や知的財産権への執着、市場での優位性の確保に対する意識が強く、新規事業開発はできるだけクローズで進め、またアライアンスを検討する場合でも、自社の支配力を確保することを最優先に考える傾向があります。

しかし、この閉鎖的な構えが新規事業開発を停滞させ、失敗させる大きな要因であることも事実です。大企業の新規事業開発では「外をいかに活用するか」が重要なポイントです。「外部は使わない」と決めつけるのではなく、必要に応じていかに共創するかということこそ検討すべき事柄です。外の力に助けてもらうことが新規事業開発を成功させる大きな要素になります。

外の力に助けてもらう出口の構想は、大きく2つに分かれます。1つはインバウンドであり、外にあるものを内に取り込んで事業化するというものです。自社事業の強みと有望な事業成長を示しているスタートアップの強みを相互強化できる資本提携、M&Aによって取り込み、そこに社内のリソースを集中して大きく育てていくというのが典型的なインバウンドの取り組みです。事業立ち上げ期のチーム組成、初期顧客獲得の時間を短縮し、赤字経営の期間を短縮することが期待できます。

これに対してアウトバウンドの事業戦略があります。自社の人材、技術、知的財産などの資本を外に切り出す形で事業化を進めるものです。

具体的には子会社を設立したりほかの企業と出資し合ってジョイントベンチャー（JV）をつくったり、そこで事業化を図るものや、外部化をさらに推し進め新たに独立性の高いスタートアップを設立して新規事業に臨むなど、カーブアウトと総称されるものがあります。このカーブアウトにはスピンオフ、スピンアウトの2種類があり、スピンオフは元会社との一定の資本関係を維持するもの、スピンアウトは完全に資本関係を絶つものです。

カーブアウトの判断は市場と技術に対する自社の影響力が基準

カーブアウトという手法は、従来は会社の本業ではなく自社事業化が難しい事業や、不採算事業のみを売却したいときに、社外に出す方法としてしばしば使われてきました。スピンアウトがその典型です。しかし、カーブアウト、特に元会社との一定の資本関係を維持するスピンオフは、元会社と設立される新会社との間のさまざまな取り決めを工夫することで、元会社にとっての有望な事業を早期に事業化したり、その後資本提携の強みを発揮しながら元会社の成長にも寄与したりするものになります。カーブアウトを出口の選択肢の一つとして明確に位置づけることが、大企業の新規事業開発の可能性をより拡大するものになります。

<table>
<tr><th>出口の種類</th><th colspan="3">概要</th><th>メリット</th><th>デメリット</th></tr>
<tr><td>自社事業部門内</td><td colspan="3">事業部門内で新規事業として立ち上げる</td><td>担当者のキャリアの分断がない</td><td>既存事業が優先されることが多い</td></tr>
<tr><td rowspan="3">カーブアウト</td><td rowspan="3">資本と技術を外に切り出して事業化する</td><td>100%子会社</td><td>自社が単独で出資して設立</td><td>自社の意向だけで設立が容易</td><td>親会社の方針でしか動けない</td></tr>
<tr><td>スピンオフ</td><td>切り出した会社との資本関係を維持する
自社社員を出向させる形の出向起業も含む
ジョイントベンチャーもスピンオフの一種</td><td>社外の知見や人材に接触する機会が増え事業や人材の成長が見込める
元会社のリソースが活用でき、一定の支援も期待できる</td><td>経営方針や事業内容に関する合意に手間取ることがある
元会社の影響を受け、調整の手間が発生する</td></tr>
<tr><td>スピンアウト</td><td>切り出した会社との資本関係を持たない(売却)</td><td>元会社から独立して自由に経営ができる</td><td>信用や資金、人材などのリソースの獲得が難しい</td></tr>
<tr><td>スピンイン</td><td colspan="3">いったん切り出した会社を一定の規模に成長後、再び買収する</td><td>成長した事業を獲得できる</td><td>復帰した人材の処遇が難しい</td></tr>
<tr><td>スイングバイ</td><td colspan="3">スタートアップをいったん買収して社内におき、自社のリソースを投入して成長を加速させ、その後上場させる</td><td>スタートアップのビジネスモデルを活かして事業を拡大できる</td><td>経営スピードの鈍化と再上場のハードルが高い</td></tr>
</table>

なお、カーブアウトなどの言葉の定義は研究機関や企業によって異なります。本書では上記の簡潔な定義を前提にしています。

図表3　新規事業の出口の種類

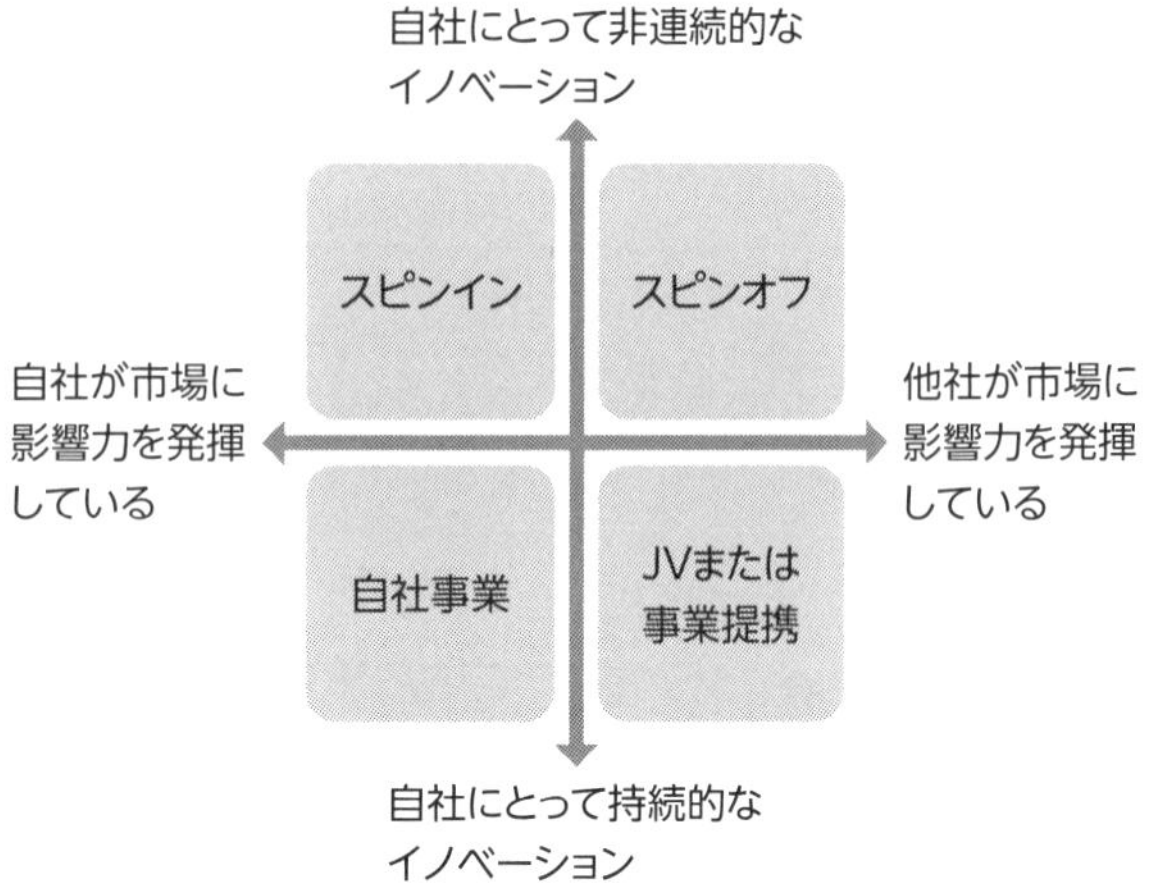

図表4　カーブアウトの有効性を判断する4象限チャート図

では、カーブアウトという手法は、どのような場合に有効なのか――その判断は、図表4のように、その技術が自社にとって非連続的なイノベーションなのか、それとも持続的なイノベーションなのか、また自社と他社のどちらが市場に影響力を発揮している領域なのかという2軸でつくる4象限チャートで判断することができます。

自社が市場に影響力を発揮していて、かつ持続的なイノベーションの場合（図の左下の象限）、事業主体となるのは着実に収益を生むことができる自社です。すでになんらかの知的財産が社内にあり、人材などの資産もあるので、自社で取り組みます。また、自社にとって持続的なイノベーションでありながら他社が市場に影響力を発揮している領域（図の右下）であれば、市場に影響ある企業との事業提携やＪＶでの取り組みが有効です。すでにある強みを活かして市場を開拓していくことになります。４象限の下半分の領域ではＪＶを除いてスピンオフやスピンアウトという手法が用いられることはほとんどありません。

これに対して、自社にとって非連続的なイノベーションであり、かつ他社が市場に影響力を発揮している領域（図の右上）の場合、これは自社にとってまったく未知の世界へのチャレンジになります。この領域は学びの高速化を最優先にする必要があります。自社では事業化に時間が掛かり、市場競争に勝つ確率は低くなります。市場や技術についても知見をもった人を新たに採用することが必要です。ところがそもそもその市場や技術に関わりの薄い会社に、そうしたプロ人材を招くことは簡単ではありません。そこで資本と事業を外に切り出して育てるカーブアウトという手法が有効になります。リスクが高いからこそ、高いリターンの設計が必要となります。

外にスタートアップをつくってそこに人も集めてゼロからスタートを切り、投資家を獲得し事業を高速に成熟させていきます。スタートアップであれば、ストックオプションなどのインセンティブも設計でき、人を集めるオプションが増えます。もちろん、例えば３年後に当初想定した目標に到達しないならば、撤退や売却の方向で検討を開始するといった撤退トリガー基準を設けておくことも必要です。

同様に自社にとって非連続的なイノベーションでありながら、自社が市場に影響力を発揮できる領域（図の左上）の場合は、早期事業化のためにカーブアウトで立ち上げたあとで、自社の市場に対する影響力を活かしてさらに事業成長していくために、改めて自社に取り込みアクセルを踏み込むことが考えられます。この取り組みはスピンインと呼ばれます。ただし、いったん外に出した会社をもう一度取り込むのは簡単ではありません。外に出て成功したのに、なぜ戻る必要があるのか、社外に出た人に対する動機付けが難しいからです。

また、この４象限チャートには時間の要素も含まれています。自社にとって非連続的なイノベーションである上半分、特に他社が市場に大きな影響力を発揮している右上の象限は既得権益者がまだ決まっていない市場の動きが非常に速い世界です。生き残るためのポジションを早々に確立しなければなりません。時間が大きな要素になります。外の資本の活用も積極的に考えなければならず、技術面でもゆっくり熟成させるのではなく、顧客と対峙する市場でスピーディに柔軟にサービス開発していく世界です。この意味でもカーブアウトが重要な選択肢になってきます。

他方、チャート図の下半分は自社の既存事業の延長にあり、市場構造もある程度落ちつき、既得権益者がいる領域です。時間を気にして急ぐよりも、知恵を使って賢く勝ちにいく領域ということができます。自社事業としてある程度落ちつきをもって人を育てたり、市場を段階的に拡大したりしていくことが考えられます。

既存事業部門や知的財産部門の抵抗を乗り越える

カーブアウトは資本と技術の外部への切り出しであり、100%子会社の設立、共同出資による合弁会社や新たなスタートアップを設立することです。元会社はその事業化の戦略に基づいてさまざまな出資割合、経営への関与割合を選択します。上場を目指す場合は、上場前にマイノリティ化するなどの経営の支配力を薄めることが原則必須になります。カーブアウトは、元会社の関与が薄く設立した会社の経営の自由度が高ければ高いほど、スピーディな事業推進が可能になるといえます。子会社やJVで出資比率が高い場合はどうしても自社のコントロールが強くなり、思い切ったチャレンジの壁になってしまうことがあるからです。

しかし新会社の自由度の高さは、元会社の事業部門や知的財産部門（知財部門）にとってはは不安の種です。１００％子会社の場合に、懸念事項のオンパレードになりにくいのはコントロールが利くという認識が元会社（親会社）にあるからです。逆にマイノリティ出資で別会社にする際は、リスクチェックが増えることになります。

既存事業部門は、営々と築いてきた既存事業の利益と資産を守りたいと考えています。カーブアウトした会社の事業が将来、既存事業と競合関係になり、その利益を毀損することが予想されれば、そもそもカーブアウトによる切り出しには反対ということになります。

その場合は、カーブアウトでなければ早期の事業化ができないこと、元会社への利益の還流や新たな市場獲得のメリットも想定できるシナリオを提示し賛成してもらう努力が必要です。将来的に既存事業が他社に負けるよりは、身内に負けたほうがよいという考えです。カーブアウトした会社の新規事業が市場の勝者になったときは、元会社のリソースをシフトさせ、新規事業をさらに成長させて提携関係を強化したり、場合によっては元会社の基幹事業として買い戻したりすることも考えられます。

また知財部門は知的財産の流出と将来の訴訟リスクから会社を守るという重要なミッ

ションをもっています。技術を別会社へ切り出すことに大きな危機感を抱くのは当然です。知財部門のミッションの実現と新会社の事業成長が同時に可能となるような新たな知的財産ストラクチャーを工夫しなければなりません。それができれば知財部門も一緒に成長シナリオを描く姿勢に変わります。スピンオフにあたってどのような契約内容にするのか、さまざまなオプションを含めて検討することがポイントです。

スピンインの工夫で出口戦略を拡大する

いったんスピンオフして離陸させたスタートアップを再び買収して自社の支配下に置くスピンインは、切り出した事業を一気に拡大する場合に有効です。すでに見たように、もともと本業にはなりにくいものをカーブアウトするケースとは異なり、自社で開発してきた技術や人材を外に出すことには元会社として大きな抵抗があります。そこで有効になるのがスピンインという戦略です。

スピンオフ時の契約の工夫によって元会社として知的財産を守り、営業上の利益をも確保しながら、展開によってはスピンインで再び取り込むという出口戦略は、大企業が自社に関係の深い技術や市場を有する事業テーマについて早期に事業開発するときに有効です。スピンオフにあたって交わす契約で、あらかじめこういう条件を満たしたら元会社が買い戻す、といった内容を盛り込んでおくようにするのです。

ただしスピンインに関する合意は困難が伴います。

スタートアップは元会社からもなんらかの形で資本の提供を受けるとはいえ、設立・運営資金にVCなど外部投資家からの出資が含まれます。

VCは一定期間後には出資金を回収し、ファンドの投資家に還元しなければなりません。当然、高い価値で売りたい（回収したい）と考えています。ところが、スタートアップが将来大成功しても、抑えられた金額で元会社に売却されることがあらかじめ契約で決まっていると分かれば投資意欲を失います。スピンインにあたっては元会社はできるだけ安く買いたいと思い、他方、スタートアップやスタートアップに出資したVCは、できるだけ高く売りたいと考えます。利益は基本的に相反せざるを得ないので、契約時に条件を詰めておくことが必須になります。

また、スタートアップで事業を担うために元会社を退職して一度外で成功している社員は、以前の会社に戻ることには積極的になれません。事業をもう一段成長させるためには、元会社の資本力や信用力、広い顧客基盤、優秀な人材などが効果を発揮するとはいえ、経営面での自由度がなくなるのではないかとか、希望しない異動や待遇面の変化があるのではないかといった不安も生まれるからです。この点もスピンインの難しさです。

外部切り出しをしやすくする「出向起業」

大企業が資本や技術を外に切り出してスタートアップをつくるカーブアウトの手法の一つに「出向起業」と呼ばれるものがあります。元会社が資本と技術を切り出してスタートアップを設立するスピンオフの一種ですが、通常のスピンオフと異なるのは、経営者として新会社の舵を取るのが元会社からの出向者であるということです。通常のスピンオフで経営に当たるのは元会社の退職者ですから、この点は大きく異なります。

実はここに制度の狙いもあります。

大企業の新規事業開発では、事業構想がまとまっても事業化を断念せざるを得ないということがしばしば起きます。なぜなら、「確実に１００億円を超える売上が見込めなければ事業化できない」とか「本業とのシナジーが期待できない」「失敗した場合にレピュテーションリスク（社会的な信用の毀損）が大きい」といった経営層の判断で頓挫することがあるからです。

新規事業を構想し事業化できるところまでプランを成熟させた担当社員であっても、「会社が認めないなら退職して自分でスタートアップを立ち上げ事業に取り組もう」とはなかなか決断できません。起業資金の調達には会社の支援が欲しいところです。また、元会社とWin-Winになるシナリオもなく独立すれば、元会社に属する知的財産の利用に制限や大きな経済的負担が生まれる可能性もあり、構想したビジネスモデルが崩れてしまうからです。さらに大きな問題は、元会社を退職することにより、給与や社会保険、福利厚生などに関する大企業の社員としての恵まれた環境を失うことです。これは、ただでさえ増え続ける教育費や住宅ローンの負担に苦しむ家族から大きな反対が生まれます。「家族ブロック」などと呼ばれ、実際に多くの大企業の社員がこの壁にぶつかっています。

結局、企業側、社員側のそれぞれの事情から、大企業発のスタートアップ起業型の新規事業は生まれにくいという状況が存在しているのです。この状況を打破するために考えられたのが、大企業に所属する人材が自ら設立した会社への出向により、フルタイムで経営者として新規事業創造に向けた実務に従事する出向起業という方法です。

出向起業であれば、社員は会社を辞めることなく資金集めをして起業し、そのスタートアップに会社から出向する形で経営者として参画できます。出向ですから籍は元の会社に残り、身分も保障されています。当然、家族からの反対も少なくなります。またこの出向起業には元会社の出資割合が全体の20％未満であるという条件のもとで、国からの補助金制度もあります（2024年度以降の募集要項は未定）。

出向起業は元会社にとってもメリットがあります。

一つは起業の際、VCなどの第三者評価が入り、より市場目線、競争目線での成長投資を獲得できることです。さらに出向起業でスタートした新規事業が順調に成長したら、その会社を関連会社化することも可能です。つまり最初は外に切り出して小さくスタートし、成功が見通せた時点で一気に経営資源を投入し、新規事業を自社に取り込むこともできるのです。また、出向起業は経営人材を養成するためにも有効です。大企業は組織が大きいため、仮に優秀な人材でも経営陣に近いところで経験を積む機会は容易には得られません。さまざまな業務を遂行していくなかで経営力を身につけていても、それを真に発揮す

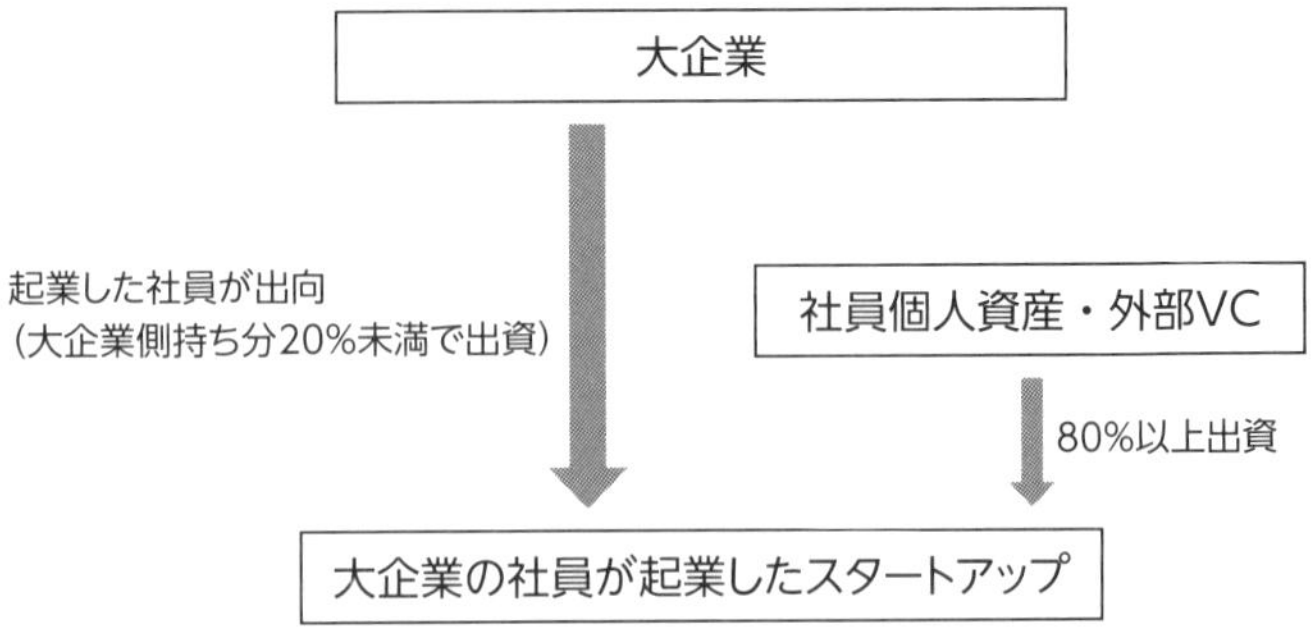

図表5　出向起業のイメージ
一般社団法人社会実装推進センター「出向起業について(大企業等人材による新規事業創造促進事業)」を基に作成

る場がないがために仕事に対するモチベーションが低下してしまうということも起こります。その点でも、社内の優秀な人材がスタートアップとはいえ一社を経営するという経験を積むことは、将来の役員候補としての成長を期待することができるのです。

ただし出向起業は、元会社にとっては出向といえども優秀な人材が外部に流出してしまうことを意味します。簡単に承認されることではありません。また、国の補助金を申請する場合は元会社の出資割合は最大でも20%未満ですから、残りは新たに出資を募らなければなりません。ところがVCなどの出資者から見れば、元会社に籍を置きながらの出向は「甘い」「中途半端」と見られがちです。事業が軌道に乗れば再び元会社が出てくる可能性も高く、投資家にとって面白みがありません。そのため、起業時に十分な資金が集められない可能性があります。

出向起業はカーブアウトの手法の一つとして特に元会社を出て起業する社員にとってのハードルを下げる意味をもっていますが、出向という身分であることが投資家やスタートアップを経営する本人にとって、マイナスに作用する可能性ももっています。出向という形で身分を保障することで何を解決しようとするのか、スピンオフの条件を細部まで詰めることで解決できないのか、メリットとデメリットを慎重に検討する必要があります。

PART 4

第2の鍵　チームビルディング

社内外から新規事業に適した人材を招集・育成する

ゴールによって必要な人材は異なる

自社の新規事業開発が目指すゴール、そして社内かあるいは社外か、どこで事業化するのかという出口の明確化と同時に必要になるのが、実現するためにどのようなチームをつくるのかということです。想定するゴールと出口によって、構成されるべきチームはまったく異なったものになります。にもかかわらず「新規事業を考えるから来てくれ」とその人でなければならない明快な理由もなく、とにかく力がありそうで、かつ所属部署もその人が抜けることにそれほど不満を残さないと思われるメンバーを集めるということが多く行われています。しかし、こうしてつくられるチームからは期待する新規事業は生まれません。

例えばＩＴと農業を結びつけたアグリテックの領域で新規事業を考えようとするとき、ＩＴ企業にはＩＴの専門家はいても農業のプロはいません。招集されたメンバーに一から学んでもらうのでは間に合わず、この場合は農業に詳しい人材を外から招くしかありません。また、もしＭ＆Ａを活用して一気に事業開発を進める計画なら、チームにはＭ＆Ａに精通した経験者や専門家が必要になり、財務部や総務部の関与も欠かせません。

まったくの異分野であるアグリテックへの取り組みや、M&Aに依存しなければならない短期の事業開発は特殊な例です。しかし、自社内で一定の時間を使って事業開発を進める場合でも、成功させるためには市場競争に勝てるプロを集めることが必要です。

新規事業開発のプロには2種類あります。「事業開発プロセスの専門家」と「事業ドメインの専門家」です。この両方がそろわなければ強い事業はつくれません。事業のつくり方は分かっているけれど狙っている事業ドメインのプロがいないのか、事業ドメインのことは分かるが事業開発プロセスのプロがいないのか、それとも両方ともいないのか、それを見極めてチームに不足している人材を確保していきます。

さらに事業開発プロセスの専門家と一言で言っても、開発のフェーズの違いによって求められる能力は変わってきます。新たに事業を構想したりさまざまなアイデアを発想したりする段階では、構想を言語化、可視化することが得意で発想力が豊かなデザイナーが必要です。PoC（Proof of Concept：概念実証）の段階では仮説検証に長《た》けたプロの存在が求められます。さらにその後、いよいよ詳細な事業計画を立てる段階では市場分析はもちろん、経理・財務を得意とするメンバーも必要になり、製品化が近づけば知的財産や法務の専門家が加わらなければなりません。

必要な人材を事業の目的やフェーズに応じて的確に集めることが新規事業開発では欠かせないのです。もし社内で適任者が見つからなければ、社外から採用することも考えます。

多くの企業で新規事業開発は社内の人材で進めることが当たり前と考えられ、最初から社外を巻き込むという発想をもって取り組んでいる会社はまだまだ少ないようです。「今自分たちでできることをやりましょう」というのは一つの考え方であり、正当性がありますす。しかし、設定したゴールに届かないことが明白である場合は、社外から人を採用することもためらわずに考えるべきです。

ただし、社外から人を採用する場合には注意すべきことがあります。中途採用者の募集や選考方法、採用基準、報酬などは、新卒採用とは別に会社の人事施策の一環として人事部ですでにルールや慣習があるはずです。しかし、それでは必要な人材が必要なタイミングで、その能力にふさわしい待遇で獲得できないということが起こりがちです。旧来の中途採用ルールで競争力のある人材の採用が難しいならば、見直しを決断しなくてはなりません。優先度が高い投資は人です。

新規事業開発で社外に求める人材像は、ゴールとの関係が明確なはずです。とりあえず全般的に能力の高い人を採って教育しながら配置する、あるいは配置してから必要なスキルを身につけてもらうという取り組みでは遅いのです。そのとき、そのジョブに必要な人材を獲得するためには、採用される側、採用する側にとって事業成長と連動したインセンティブを踏まえた仕組みに変更していきながら、一緒に事業成長を目指したい人、チームを仲間に入れることが必須です。

チームを置く場所も変わる

目指すゴールの違いはチームに必要な人材を変えるだけでなく、チームが置かれる場所も変えることになります。新規事業開発のゴールが既存の事業領域の延長にあるなら、既存の事業部門のなかに置くのが理にかなっています。既存の事業領域とは非連続の分野で取り組まれる新規開発や風土改革に重点を置いた取り組みであるなら、事業部門から独立した企業のなかに設けるのが一計です。適切な場所に適切なメンバーで構成された組織をつくる――新規事業開発はまずここからです。

NECの場合、当初のゴールの設定とチームづくりは次のように行われました。

ＢＩＵのなかに、ゼロから新規事業開発を行う組織がありました。この組織は、何年後にどのくらいの規模でどんな事業をスタートさせるのかという明確な目標は設定していませんでした。しかし、当時は海外事業比率が低いままにとどまっていたことから、新たにつくり上げる事業はグローバルに展開できるものであること、さらに既存事業の現場ではできないものを目指そうというこだわりはもっていました。事業としてのゴールを明確にしていなかった背景には、事業を創出するための風土改革にまず着手しなくてはいけないという強い課題意識があり、まだ明確な目標を掲げる段階ではなかったからです。

もともとＮＥＣの基幹事業は、顧客のＩＴシステムを支えるシステムインテグレーション事業です。「こういうシステムが欲しい」「システム化によってこれを実現したい」という顧客の要望がまずあり、それを実現してきました。顧客のニーズに応える高品質の製品を実装することによって大きな信頼を得てきたと思いますが、自ら事業を生み出すことは経験がなく、力不足でした。これからは自ら市場を見て主体的に新規事業をつくり上げていく、それができるような人材と仕組みをつくり、組織風土を変えていくことも大きな目標だったのです。中央研究所がもつコア技術を駆使した事業開発と新規事業を創出できる組織風土づくりがＢＩＵのなかで２本立てで進められていきました。

新規事業開発については、当時有望と見ていたクラウドやSDN（Software Defined Networking）、ビッグデータ、サイバーセキュリティの4つの領域に着目、BIUで事業化の方向を検討し、一定の見通しが立った段階で事業部門に移管するというスタイルを取りました。一方、人材育成については、既存の事業部門から新規事業開発に必要な人材をBIUに専任、あるいは兼務で集めました。そして事業立ち上げの専門職としてキャリアを積んだうえで各事業部門の新規事業開発のリーダーとなる人材として環流していく道筋を考え、取り組みを進めました。

この当初の方針は、もっと新規事業創出を急ぎたいという経営層の意向によって見直され、組織体制も変更されるなど、さまざまな試行錯誤が重ねられることになりました。新規事業の開発も新たな人材の育成もすぐに成果が出たわけではありません。私が本格的に関わってからも優に5年を超える歳月を費やしながら、さまざまな制度改革、意識改革を進めていきました。しかし、大企業における新規事業開発はどうすれば可能になるのか、いかにしてイノベーティブな組織へと生まれ変わっていくのか、この5年はその解を導くための貴重な試行錯誤の機会でした。

エースを集める難しさをいかに突破するか

会社のどこに、どのようなゴールを想定して設けるにせよ、新規事業開発チームは自社内に実績やノウハウがない未知の世界に挑んでいくことが任務になります。当然、現業で活躍している突破力のあるエースが欲しいのですが、所属事業部門から見れば、現場を先頭で引っ張っているエースは従来の事業の維持・拡大のために出したくない人材です。

また、異動する本人にとっても不安が残ります。新規事業は未知の市場を相手にしたり、自社にとってなじみのない技術を扱ったりすることもあり、事業化にはさまざまなハードルがあるからです。失敗の確率も大きいです。既存事業で実績を積んでいるメンバーであっても、同じように活躍できるとは限らないのです。

異動を求められた本人にもチャレンジしたいという気持ちがある反面、順調に積み上げてきた自分のキャリア形成が足踏みするのではないか、評価が下がり、場合によっては年収も下がってしまうのではないかという不安がよぎります。

特に家庭があり子どもが小さく育児に時間が掛かる、親の介護があるという場合はなおさらです。しかも新規事業開発の初期段階は、1日で提案資料をそろえることが必要になったり、組織の規模が小さいために属人化せざるを得ない業務もあったりして、家庭の事情が優先できない場合もあります。新規事業開発チームには誰もが喜んで着任するというわけではなく、むしろ、不安を抱えながらの異動になるのです。

スタートアップであれば、あらかじめそれを事業化したいという強い意志をもった人間が集まっているので、モチベーションは高く全員がポジティブです。しかし大企業では、「あなたは新規事業開発チームに入れ」と上司から任命されたメンバーが集められることが多いです。大企業には多くの優秀なメンバーが存在しているとはいえ、最初から新規事業開発に高いモチベーションが存在するわけではなく、評価されるかどうか分からない業務に関わることにはポジティブにはなれない面があります。誰でも評価が伴わないことには積極的になれず、継続もできません。こうした本人が抱く不安やエースを取られる事業部門側の危惧に対する配慮や考えをもたなければ、力のある新規事業開発チームを社内組成することはできません。

新規事業開発チームの評価は売上・利益だけではありません。既存事業と異なり、それはすぐに表れません。新規事業ではいくら売り上げるかだけではない新規事業開発特有の評価方法が必須です。その評価方法が構築されている企業には社内外から人材と資金が集まり失敗する確率が下がる、つまり成功確率が上がっていきます。評価されない仕事は続きません。しかし新規事業開発は短期的に大きな成果が出ることはまれです。だからこそ評価の仕組みを整えることが重要なのです。

新規事業開発では事業開発評価軸とキャリアステップや報酬の体系を示すことが、モチベーションの高い強力なチームを組成するポイントになります。

NECでは新規事業の評価は大きく3つのフェーズに分かれ、それぞれで評価軸が異なります。

初期の構想・検証段階ではプロセス進捗の評価、本格検証・事業立ち上げ段階では事業価値評価、そして本格事業化段階では売上・利益の実績評価が行われます。段階ごとに合った評価が行われ、その結果が良ければ当然社内外から資金や人材が集まりやすくなり、失敗確率も下がっていきます。新規事業開発では、単に稼げる事業がつくれたかどうかの結果だけの評価では運営が適しているといえません。事業そのものの評価に加えて、新規事業開発力を高める組織力の評価も必要です。

その組織力をフェーズごとに具体的にいえば、初期の構想・検証段階では顧客や市場を

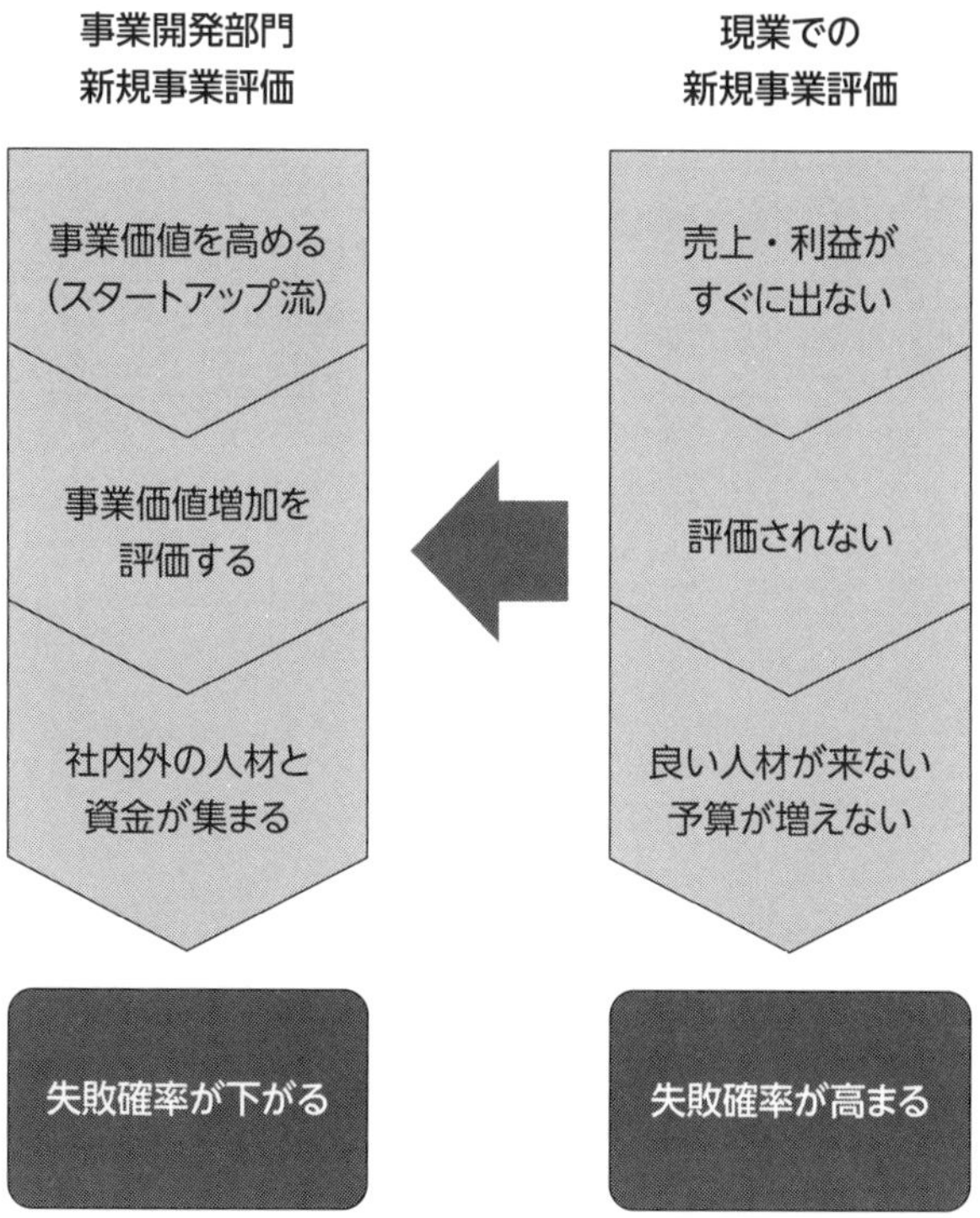

図表6　評価されない仕事は続かない

フェーズ	評価方法	求められる能力
構想・検証段階	プロセス評価	リサーチ力、発想力・構想力、新規事業開発プロセスの設計力
本格検証・事業立ち上げ段階	事業価値評価	ビジネスモデルデザイン力、仮説検証力、事業シナリオ設計力、交渉力
本格事業化段階	実績評価	品質管理力、顧客分析力、経営データ分析力、プロジェクトマネジメント力

図表7　新規事業開発の評価方法と求められる能力

リサーチする力や発想力・構想力、新規事業開発プロセスの設計力です。本格検証・事業立ち上げ段階ではビジネスモデルのデザイン力や仮説検証力、事業シナリオ設計力、交渉力が求められます。さらにその後の本格事業化段階では、価値に見合った製品品質をしっかりと確保しつつ、顧客分析力と経営データ分析力、再現性のある事業を着実にマネジメントしていくプロジェクトマネジメント力が求められます。事業開発を一気通貫で成し遂げていくプロとフェーズごとに必要となる機能（ファンクション）のプロが、それぞれ力を発揮しながら新規事業開発を進めていくことになります。フェーズごとに必要になってくる能力がどのように事業開発の成果を発揮できたのか、それが評価の対象です。このことがあらかじめ明確であれば、任命されたメンバーにも、自分がどういう力を発揮すべきなのか、それをどう強化していくかという目標が見えます。

新規事業開発チームに任命されたメンバーが高いモチベーションで仕事をし、また送り出す部門も本人の成長を期待できるように、新規事業開発チームが招集されたメンバーに何を求め、それをどう評価しようとしているのか、その基準を明快にする必要があるのです。

加点法で評価し、出身部署宛に個人カルテをつくる

メンバーに求められる個々の能力に関する評価は、さまざまな能力を磨き上げることができたかということが基本で、減点評価ではなく加点評価をします。メンバーにはフェーズに合った目標を達成できなかったときは猛省し、次のアクションを考えることが必要です。そして次のアクションを考え、実行力を高める事業開発力の高度化ができているかどうかの評価軸が必要となります。なぜなら、数字の未達は本人が関与する余地のなかった要素が原因であるかもしれず、新規事業開発ではそうした不確定な要因も数多く存在するからです。しかし事業開発力が着実に積み上がっていれば、目標達成の可能性は確実に向上していきます。

人を出す側の事業部門の責任者としても、部下の成長が得られるなら喜んで送り出すことができ、部門に帰ってきたときには業務改善や新規事業開発に大いに力を発揮してくれる優秀なメンバーになると期待することもできます。

実際NECでのBIUの立ち上げ期では、一般の事業推進部門とは異なる評価方法を活用した「個人カルテ」を作成しました。新規事業開発室に任命されたメンバーが、例えば2年間の在籍期間でどのような経験をしてどう成長したのかを、求められる項目ごとに記述したのです。具体的には図表8にあるとおり、新規事業開発で特に求められる「仮説構築力」と「実現力」という2軸を据え事業開発力の成長性を可視化しました。当時、リクルート社でイノベーションを推進していた細野真悟氏の指導を受け自社の成熟度に合った形にしました。こうした作業を通して任命されたメンバーの成長を評価したのです。「この人の能力は就任当初はこういうレベルだった。しかしコーポレートの新規事業開発室では、こういう課題に対してこういう活躍をして、こんな能力がアップした。帰任したら、この人はこういうジョブで活躍できると思う」という報告をしていました。

この取り組みの結果、人を出す側の事業部門には「新規事業開発室は人を成長させてくれる」という認識が生まれ、部門のエースであってもさらなる成長を期待して積極的に出

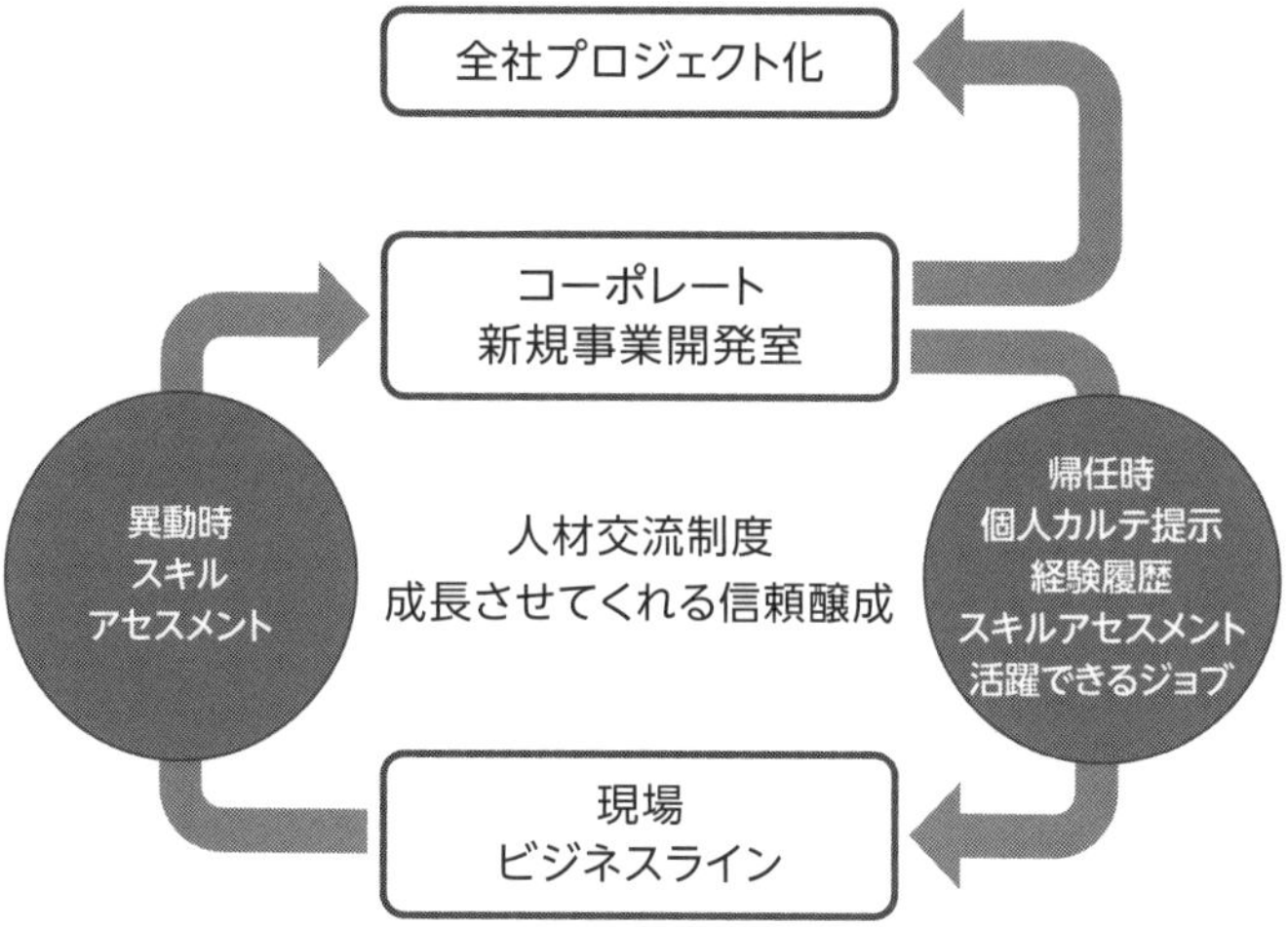

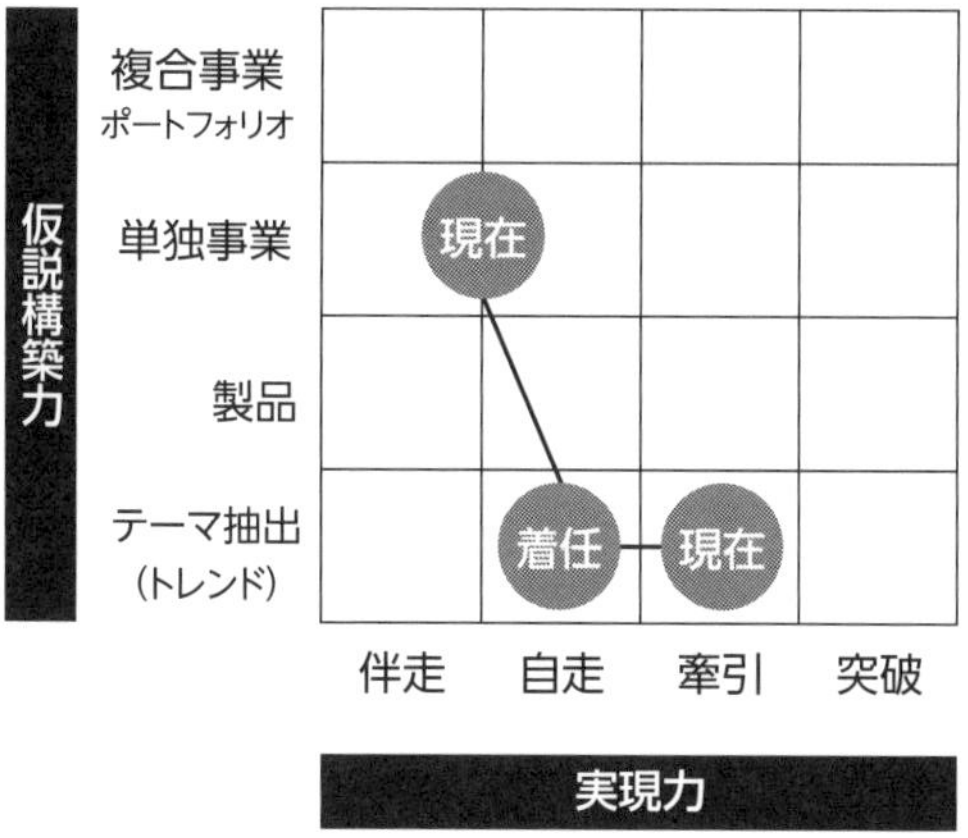

図表8 (上)人材の流れと個々に求められる能力 (下)事業開発力の成長性

してくれるようになりました。

良い人材が集まれば、新規事業開発の成功率も上がります。既存事業部門と新規事業開発室の間を人が循環し、成長して環流する仕組みです。一方では新規事業そのものの開発を成功に導き、他方で、既存事業部門に帰任して新規事業開発を先導できる人材の育成を図っていきました。

大企業での新規事業開発では、このように「新規と既存」の間で人が循環する仕組みをつくり、会社全体をイノベーティブな組織へ変化させ続けることが大切です。新規事業開発チームづくりでは強引な人の引き抜きだけで出身部署に戻すことを考えていないというケースが少なくありません。新規事業開発室と既存事業部門は別だと考えてしまうと、新規事業開発室で起きていることは特別なことであり、既存事業部門には関係がないとするとらえ方の乖離や人との溝が生まれてしまいます。これでは、会社全体をイノベーティブなものに変えていくことができません。大企業での新規事業の取り組みは、新規事業そのものの成功だけでなく、企業自らの体質を変えていくという意味でも大きな価値であり、そのためにも新規事業組織と既存事業組織の間の人の循環は重要な取り組みです。

勇気をもってルールを変える

必要な人材を社外から中途採用する制度の拡充、エース人材の確保を容易にし、新規事業開発特有の評価制度を確立するには、従来の社内ルールを変えなければできませんでした。新規事業開発を成功させるチームづくりのためには、従来のルールを変更する勇気をもつことが必要です。大企業での新規事業開発を阻害するルールを変えない限り、持続的な新規事業開発力を組織化できません。

ただし、人事制度や評価制度のルールはいずれもさまざまな過去の状況や経験のうえに成熟度が高められてきたものであり、単純に否定すべきものではありません。ルールは「それを守った者だけが変えることができる」ものです。ルールを無視している人には、それを変える説得力がありません。単なる乱暴者と言われるだけです。ルールの成り立ちを理解し守っている人だからこそ、そのルールの無駄や理不尽さを訴える力があります。ルールの変更はそれがつくられ守られてきた事実への尊敬をもって行うべきものです。

また、ルールが新しくなったり、ケースによってルールが変わったりするというのは多くの人にとって面倒なことです。それでも変えるためには、そうしなければ新規事業の創出ができず、この事業はルールを変えてでもつくり上げる価値があると熱意と理論をもって示すことが必要です。

さらに、新規事業開発活動には人事部や法務部、知的財産部などのコーポレート機能メンバーに参画してもらうことが重要です。新規事業開発室だけで検討するのではなく、コーポレートメンバーとともに新規事業開発という共通の目標を達成するために、どのような人事施策が必要か、どのような知財戦略を構築するのがよいのか、同じゴールを目指して検討していくことが新たなルールづくりを成功させることにつながります。スタートアップでは保持できないコーポレート部門を味方につけることこそが、大企業における新規事業開発の肝の一つです。

“外圧”からチームを守ることも必要に

新規事業開発チームに対しては「いつになったら成果が出るのか」「どうなるか分からな

いところにお金を使うなら、現場で現に苦労して稼いでいるところにお金を使ってくれ」といった既存事業部門からの批判的な声が必ず上がります。公然と指摘されることもあれば、陰でささやかれることもあります。メンバーにはそうした声に負けないストレス耐性が求められます。そもそもその程度の妬みややっかみに負けてしまうようでは、実際に新規事業を走らせたときの市場の冷徹な評価、既得権益者に勝つことはできません。

辛辣《しんらつ》な声の一つひとつに真面目に対応していたらとても身がもちません。この点ではチームリーダーには、メンバーをつまらない声にさらしたり、事業成長に関係ない余計な社内報告資料作成などが増えたりしないようにマネジメントすることが求められます。「社内の◯◯さんから、こんなひどいことを言われた」とメンバーから報告があったら、その事実に向き合うことは必要ですが、過度にビクビクする必要はないということを伝えます。

また、大企業での新規事業開発は、反発を気にして「隠す」よりも「公開」するほうが良い結果を生みます。確かに新規事業は内々に秘密裏に進めたほうがよい、という側面もあります。しかし、仮にそういう方針を採っても隠し通せるものではなく、必ず組織の知るところとなります。遅れて知られることになればかえって抵抗は大きく、積み上げたものをゼロから構築し直すリスクが生まれます。時間のロスであり、それは新規事業開発にとって決定的なマイナスです。むしろ積極的に社内向けのプロモーションを展開することで「すごいことを考えているんだね」「それをやるなら手伝いたい」「自分の顧客で興味をもちそうな人がいるから紹介しましょう」のように、周囲のサポートを得るチャンスに変えていくほうが得策です。大企業だからこそもつ広範囲なサポート力、幅広い情報や人材、圧倒的な顧客基盤を活用することこそ、大企業のなかでの新規事業の醍醐味であり、スタートアップでは難しいものです。このメリットを大いに活かすべきです。

社内に不足しがちな経営者を取り込む

新規事業開発チームのリーダーは、誰かが設定したゴール、タスクをこなすことだけを推進するプロジェクトマネージャーではありません。求められるのは経営者の視点で全体を統括することです。事業開発を計画どおりに進捗させるだけでなく、市場の動きを見ながらその事業が市場にどのようなインパクトを与えるか、事業収支見通しはどうか、追加の投資をどのようにして呼び込み、いかに次のステップにつなげていくか……新規事業開発は独立した会社を一つ生み出すことに等しい作業であり、リーダーには経営者としての判断や行動が求められるのです。

しかし、大企業のなかで経営をリアルに経験するのは役員以上に限られます。部門を率いる部長クラスでも、事業の損益は見ることができても、キャッシュフローにまで目を配り株主の視点ももちながら自分の責任でチームメンバーの給料を払い、部門を経営するという感覚をもっている人はいません。そのため、社外から経営経験をもった人材を採用することを考える必要が出てきます。ＥＩＲ（Entrepreneur In Residence：住み込みの起業家）など、新規事業開発を担う起業家を社外から起用することも選択肢の一つです。実際、多くの新規事業開発を手掛け成功したという起業に熟達した人が数多く存在します。

ただし、こうした人を招聘《しょうへい》する際に気をつけるべきことがあります。それは自分たちが、なぜ、何のために事業をしたいと考えているのか、それが会社にとって、そして社会にとってどういう魅力があり価値のある事業なのか、このビジョンとストーリーをまずしっかりと語り、共感を得るということです。新規事業開発は成功確率の高いものではありません。社内外にさまざまな壁があり、必ず苦労があります。それを一緒に乗り越えていくためにはゴールやビジョンへの共感が欠かせません。「確かに面白そうだね」と感じてもらうことがスタートです。ゴールやビジョンについての心からの共感があって「それで私にどんな役割を期待しているんですか？」という話に進むのです。そのとき初めて「こういうところを助けてほしい」という具体的な業務内容を話し、「それなら役に立てそうだ」と仕事の詳細や権限、報酬、契約期間といった具体的な話に進みます。最初から契約条件の話をしても強固な協力関係はできず、そもそもまず条件を聞いて受託するかどうかを決めようとする人であったら、招聘しても根づかないかもしれません。

シリコンバレーにつくった子会社で経営人材を募集

ＮＥＣがアントレプレナーシップ（起業家精神）を備えた人材や競争力をもつ技術を育成し、それらにより支えられた事業をＮＥＣへ還元し、新たな社会価値を生み出すために２０１８年に北米に設立した会社がＮＥＣ Ｘです。ＮＥＣ Ｘは技術の事業化に成功している良い例となりました。

立ち上げ初期は、ＮＥＣが独自のさまざまな技術を紹介し、それを使って事業化したいという経営人材（ＥＩＲ）を公募してスタートアップを立ち上げ、事業化後も外部資金調達などを継続して事業を支援していきました。「Tech Seed」と呼ばれる技術の種の見本市をＷｅｂ上につくり、そこに売り出し中の技術約20件ほどの技術一覧を掲出、それに対して各応募者が「私がこの技術を使ったら」とプレゼンしてくるというものです。２０２０年頃からは、ＮＥＣの技術の種から発想させるやり方から少し変化しています。応募者自身の成し遂げたい事業テーマを自由に持ち込んでもらい、ＮＥＣ Ｘの事業開発者たちがその実現に向けて伴走していくなかで、世界中のＮＥＣの研究者の技術を組み合わせて提案していくような取り組みも始まっています。これにより、２０２３年時点では、一度の募集で約１４０件の応募が来るような仕組みになっています。

ＮＥＣ Ｘは２０２１年から本格的に稼働しており、すでにスタートアップとして10社が誕生しています。

ＮＥＣ ＸはＥＩＲを確保する仕組みであると同時に、自社の技術を使ってオープンで事業化する仕組みでもあります。一般に研究所が開発を進めている独自技術はクローズで独占しつつ自社で事業化すると考えられます。確かに、自社が市場に対して影響力をもち市場をコントロールできるのであれば、クローズのまま自社で事業化して参入していけばよいです。しかし、すでに市場が形成されていて、しかもほかの会社がリーダーになっている領域に関する技術であとから参入する場合であったり、技術はあるが、どの市場で活用できるか見通しが明確ではなかったりという場合は、技術だけを抱え込んでいても市場に入っていくことができません。技術が無駄になってしまいます。後発で協調していかなければならない領域では技術をオープンにしながら、市場を知る人の知恵を借りて事業化の可能性を探るほうが技術の活用の道が拓けます。自社技術だからといってすべてクローズで抱え込むと考えると、技術の可能性の芽を摘んでしまうことになりかねません。この場合は、外部を活用しつつ事業化を図る方法を考えるべきです。その意味でNEC Xは大きな役割を果たしています。

また、その副次的な成果として、NECの研究所で技術開発をしている研究員の活躍の場が広がっているということがあります。Flyhound社というNEC X発のスタートアップにはNEC欧州研究所の担当技術者が会社を辞めてCTO（最高技術責任者）として就任しています。この研究者は、自分の研究が事業として成功することに貢献したいと自ら志願し、NECを辞める決断をしてこの会社に参画しました。送り出した研究所としても自らの技術の事業化に積極的であることは大歓迎です。もしスタートアップがうまくいかなかったら、いつでも研究所に戻ってこいというスタンスで臨んでいます。自分の開発した技術が実際に形になる可能性が飛躍的に高まり、しかも研究者自身が事業化に参画することができることから、ＮＥＣ Ｘは研究員のモチベーションの向上にも大きな役割を発揮しています。

NECで独自に養成したビジネスデザイン職

新規事業開発に携わる人に求められるさまざまな資質や能力は、既存事業のなかではなかなか育ちにくいものです。既存事業では〝売り物〟も市場も決まっています。売上を維持・拡大し収益を伸ばすことはある意味ではルーチンワークであり、特殊な力が求められるわけではありません。これに対して新規事業開発では、目指すゴールや出口の考え方、取り組みのフェーズによってさまざまなスキルや知識が求められ、特に構想力や発想力、仮説検証力、決断力や統率力が必須の能力として求められます。そういう力をもっている人をいかに見つけるのか、そしていかに育てるのかということが新規事業開発を軌道に乗せるためには重要です。

たまたまそういう力をもった人と出会ったから事業開発に成功したというのであれば、1回限りで継続できません。また、人材を外に期待するのであれば、自社をイノベーティブな組織につくり変えることができません。新規事業開発とそれを担う人材開発は両輪で追求されるべきです。そして、新規事業開発のチームビルディングは、中長期的な視野で新規事業開発を担う人材を社内で発掘し、ともに成長していくことを視野に入れたものでなければなりません。失敗に終わることも少なくない新規事業はやはり力のある人が取り組む必要があります。うまくいかなかったときに人の力が足りなかったのかテーマが悪かったのか、分からなくなるからです。

「あの人がやってもダメだったのだから、これはテーマが悪かったのか市場が悪かったのかどちらかだろう」と結果を納得できる人、チームで挑戦するのが理想です。競争力あるチームを組成し、存分に力を発揮できる環境を用意する。そのような人を発掘し、成長できる環境も考えなければなりません。

NECでは、2017年度に新規事業開発に携わる人材として新たに「ビジネスデザイン職」を職種定義し、人事部と共同で、その定義、求める能力、育成プログラムをつくり、自

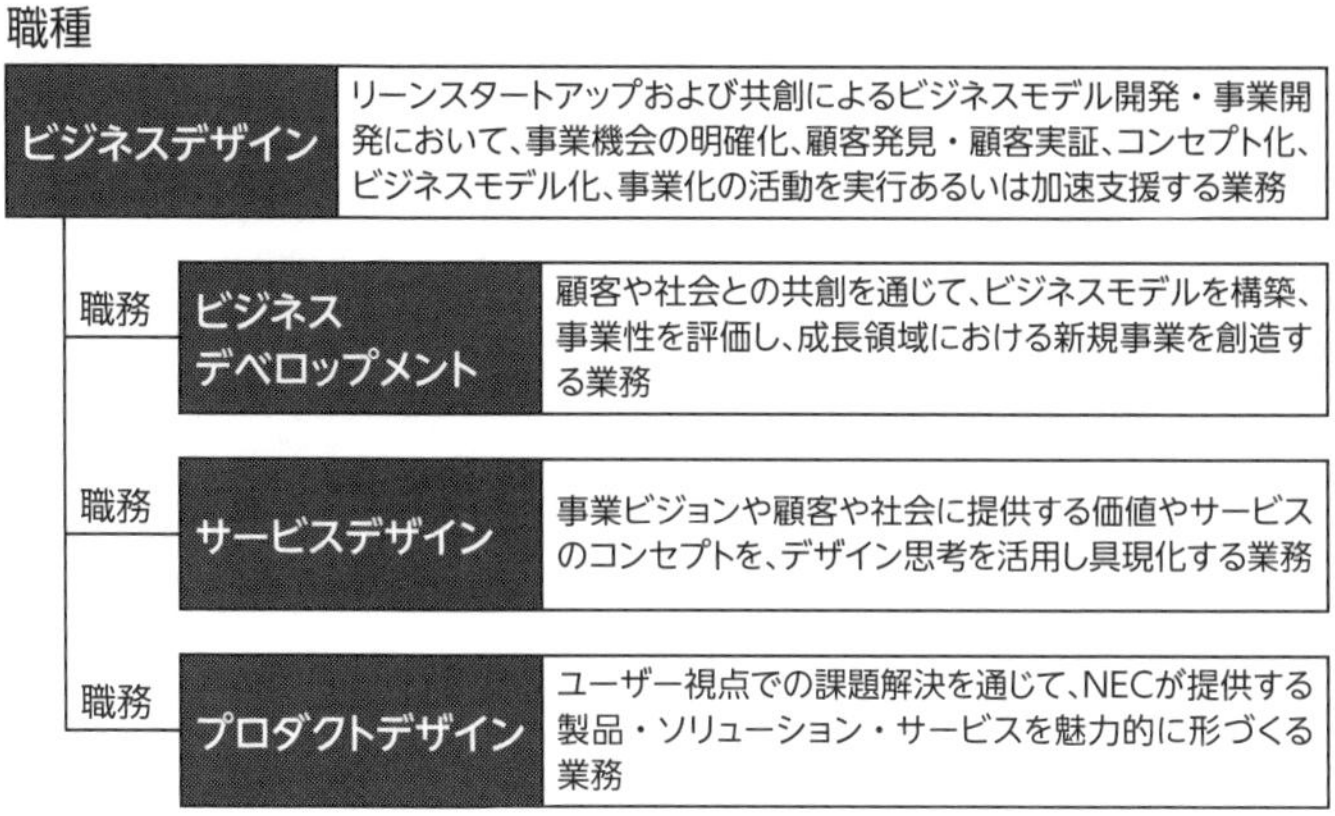
職種
ビジネスデザイン
リーンスタートアップおよび共創によるビジネスモデル開発・事業開発において、事業機会の明確化、顧客発見・顧客実証、コンセプト化、ビジネスモデル化、事業化の活動を実行あるいは加速支援する業務
職務
ビジネスデベロップメント
顧客や社会との共創を通じて、ビジネスモデルを構築、事業性を評価し、成長領域における新規事業を創造する業務
職務
サービスデザイン
事業ビジョンや顧客や社会に提供する価値やサービスのコンセプトを、デザイン思考を活用し具現化する業務
職務
プロダクトデザイン
ユーザー視点での課題解決を通じて、NECが提供する製品・ソリューション・サービスを魅力的に形づくる業務

図表9　ビジネスデザイン職の職種／職務定義

社内での養成を進めていきました。

従来社内にはシステムエンジニア（SE）職や営業職、研究職といった職種がありました。それらと同列のものとして新規事業開発者を定義したのです。これまでビジネスデザイン職を独自に位置づけることはありませんでしたが、ここを強化しなければ企業として勝ち残れないという危機感がありました。

ビジネスデザイン職の業務は次のように定義しました。

「リーンスタートアップおよび共創によるビジネスモデル開発・事業開発において、事業機会の明確化、顧客発見・顧客実証、コンセプト化、ビジネスモデル化、事業化の活動を実行あるいは加速支援すること」です。そして「規模の大小を問わず、CxOになること」をゴールとして位置づけました。また具体的な職務については「ビジネスデベロップメント」「サービスデザイン」「プロダクトデザイン」の3つに整理しました。ビジネスデベロップメントはビジネスモデルを構築しその事業性を評価しながら新規事業を創造すること、サービスデザインは顧客や社会への提供価値やサービスのコンセプトを具現化すること、そしてプロダクトデザインは製品・ソリューション・サービスの内容を具体的な形に落とし込むことです。

NECが新たな事業開発と、組織風土改革のために設けたBIUはビジネスデザイン職という新たなビジネスクリエイターを社内で育てていく組織の役割ももっていました。

3つの価値観と5つのコンピテンシー(能力・行動特性)

大企業の新規事業開発室は大きな組織のなかに存在する非主流の、時には異端児扱いもされてしまう存在です。理不尽な批判を浴びることも多く、それにめげずに周囲の理解や協力も求めつつ新規事業創出のために業務を推進していかなければなりません。ビジネスデザイン職に就く人間には、現業を成長させる職種とはまた違ったパーソナリティが必要です。

私はまず3つの価値観が大事だと考えています。

1つ目はポジティブであることです。好奇心が強く、自分の意志で前向きに思考・行動し、個人と組織、社会の成長を目指すということです。2つ目は、顧客価値志向です。顧客志向ではなく、顧客価値志向です。顧客の価値や期待は何かを考え、その期待を超える価値を提供することが重要です。そして3つ目はダイバーシティ、つまり互いの個性を認め高め合うことで、多様性のある事業・人事文化を築くことです。

さらに具体的な特性としては次の5つを期待します。①圧倒的な当事者意識（オーナーシップ）、②変化への追従力（アジリティ）、③実行し続ける心身、思考のタフさ（タフ）、④発信力（パブリシティ）、⑤愛嬌、人に好まれる力（チャーミング）です。

失敗したりうまくいかなかったりするときに、「私は悪くない、あいつが悪い」とか「環境が悪い」と他責的に語る人は新規事業には向きません。自分ごととして真正面で受け止め、より良くするために自分ができることは何かを真剣に考えるからこそ行動につながります。新しい事業は顧客のリスクをも背負います。新しい価値を届けようとしている人間がその試みに責任を感じていないのであれば、顧客を巻き込むのは失礼ですらあります。真剣に成功させたいと思って自分ごととして行動できる人でなければ新規事業は担えません。また新規事業は簡単に成功するものではなく、社内からさまざまな声も上がります。それを受け止める心身と、学び考え続ける思考のタフさも重要です。

5つ目に挙げたチャーミングという言葉は能力という意味ではあまり耳にしない言葉かもしれませんが、これは大切です。笑顔がかわいいという話ではありません。新規事業開発では助けが必要です。未知の領域でほとんどデータもなく、結果の予測もできないという状況で、アクションを起こし、結果を受け止めながらチャレンジを続けていかなければなりません。一人でできることは限られ、手に負えないときは助けてもらわなければなりません。助けたくなるような魅力を備えていることが必要なのです。自分の弱さも隠さずさらけ出し、失敗は失敗と認め「自分にはできないので助けてください」と素直に頼むことができ「分かった。そんなに困っているんじゃ見捨てておけない。力になろう」と快く返事がもらえるようなキャラクターであることが求められます。日本人は「知りません。できません」と自発的に伝えることが苦手です。それを「恥」と考えるからです。しかし、自分の限界を隠している限り、助けは得られません。

さまざまな経験やスキルをもった人をいかに巻き込み、力を合わせて進むことができるかは、大企業での新規事業開発を成功させる重要なポイントです。鍵はなんといっても人にあるのです。

「早く行きたければ一人で行け、遠くへ行きたければみんなで行け」(If you want to go fast,

図表10 ビジネスデザイン職で重要な3つの価値観

基礎コンピテンシー	
	Ownership 圧倒的な当事者意識
	Agility 変化への追従力
	Tough 実行し続ける心身、思考のタフさ
	Publicity 発信力
	Charming 愛嬌、人に好まれる力
基礎スキル	
	Strategy
	Sales
	Marketing
	Finance
	Project Management
	Relationship Management

図表11 新規事業開発者に求められる
基礎コンピテンシーと基礎スキル

go alone. If you want to go far, go together.）というのは、アル・ゴア氏やヒラリー・クリントン氏、最近では日本の岸田文雄首相まで多くの政治家がしばしば演説に引用したことで知られるアフリカ起源といわれる諺です。

スタートアップは少人数であり、その身軽さを活かして早く行くことが得意かもしれません。しかし大企業には多くの仲間がいます。みんなで行く体制が整っていれば遠くまで行くことができます。力を合わせるという意味でもリーダーがチャーミングであることは大切な要素です。

「チャーミング」を含む5つのパーソナリティは、新規事業開発に従事する人の基礎的な特性です。スキルではありません。マーケティングやファイナンス、プロジェクトマネジメントなどは、スキルです。足りなければ学んで補うことができます。ＡＩの基本的な知識が戦略の構築に欠かせないと思えば、人はこれを学びます。しかし人としての能力や特性は書物で学んだり、人からの教育で外からインプットされたりするものではありません。それは経験を積み重ねながら深く内省し、時間を掛けて自分の内側に築いていくものです。

Knowing, Doing, Beingを回しながら

新規事業開発者の育成は、一般の事業部門が構想するものとは異なります。通常は新入社員とか入社3年目までとか、職務経験と職制に合わせて必要なスキルを獲得していくための研修・教育の体系がつくられています。

新規事業開発に任命されたメンバーも事業構想、チームビルディング、ファイナンス、プロジェクトマネジメントなどについて自らの能力の向上を図っていきますが、新規事業開発はそれらのスキルを網羅すれば誰でもできるというものではありません。未知の世界へのチャレンジであり、学ぶ側も、何年後にどういうスキルを身につければよいのかという見通しがあらかじめ明確であるわけではありません。そこに新規事業開発人材の育成の難しさがあります。新規事業開発の場で成長していこうとする本人にとっても、いかに成長していくかというキャリアが描きにくく、不安を感じざるを得ないのです。「3年以内にこの資格を取り、この昇任試験を受けてこれができるようになってキャリアアップを図る」という分かりやすい見取り図が描けないのです。プログラミングなど手に技術があるわけでは

なく、担当しているプロジェクトがうまくいくかどうかもまったく分かりません。それでも新規事業開発のメンバーがこうした取り組みを通してこのように成長していけるという道筋を示すことは、メンバーのモチベーションを高めることにつながります。

新規事業開発を担当するメンバーの学びのフレームワークとして有効なのがKnowing（ノウイング、知識）、Doing（ドゥイング、実践）、Being（ビーイング、内省）の3つのステップを循環させる考え方です。

これはもともとハーバードビジネススクール（HBS）で考案された学習メソッドです。Knowingは知らないことを知る、知識を得るということ、Doingは実際にできるようになること、そしてBeingは内省し、社会のなかでの自分のあり方を探求していくということです。ただしこの3つは、各ステップを順に上がっていくということではありません。Beingから再びKnowingにかえり、ぐるぐると循環させながら螺旋《らせん》階段を上るように不断に成長していくという考え方です。

この学びのメソッドそのものは特に新しいものではありません。しかし従来の展開がKnowingを中心としており知識偏重に陥っていたのではないか、というHBS自身の反省から、Knowing, Doing, Beingの3つのバランスを整え、知識をしっかりと行動に移し、その反省から自分の価値観を育てていくという循環するプロセスの重要性が改めて強調されるようになりました。

またHBSは3つのバランスの見直しを通じて、そもそもこの円環の始まりがKnowingでよいのかという検討も行いました。まず自分は何者で何をしたいのか、何をすべきだと考えているのかというBeingがサイクルの起点になるべきではないか、それを行動に移し(Doing)、そのなかから新たな知識を得ていく(Knowing)、それを再び自分の価値観や信念として内在化する(Being)という循環が必要であると考え、それこそ不透明で不確実な時代に必要とされる学びであり実践ではないかと考えたのです(山崎繭加『ハーバードはなぜ日本の東北で学ぶのか』ダイヤモンド社)。

図表12 HBSで考案された学習メソッドの3つのステップ

新規事業開発に携わる人に必要なのは、この循環する学びの体系です。

勇気をもって新たなものにチャレンジし

ていくためには、自分を導く価値観や信念が必要です。ただ知識だけを増やしても飛び込む決断は生まれません。今の社会で自分がどういう顧客価値を提供するのか、何がしたいのか、その思いと情熱がまず必要です。その切実なものがなければ新規事業開発という困難な道は歩めません。そしてDoingに踏み出し、その経験のなかから足りないこと、知らないことに気づき、さらに学びを深めていきます。新規事業で新しい道を拓くためには多くの新しいことを学ばなければならず、学ぶためには何を知らないのかを知る必要があります。すでに知っていることを数え上げることは簡単ですが、何を知らないかということに気づくことは簡単ではありません。そしてその学びは、再び内省を経て価値観やモチベーションを強め、さらに高次のDoingにつながり、その反省を踏まえたKnowingへ、そしてBeingへと循環していきます。Beingは上司と部下が1対1で話し合う定期的な面談（1 on 1）のなかで実施できるととても良いです。

価値観や信念をもってモチベーションを高め、行動に移し、そのなかから知らないことを知って、再び内省する……この3つの段階を、内発的な動機であるBeingを起点に丁寧に回していくことが新規事業開発に取り組む人材の育成に大きな役割を果たします。

PART 5

第3の鍵　評価制度改革

既存事業の評価制度ではなく、新規事業の開発ステップに応じた評価制度を細かく構築する

新規事業開発と既存事業は評価の軸が異なる

多くの大企業は新規事業についても既存事業と同じように、初年度から売上や利益で評価しようとします。当然、不確実性の高いものや事業規模が小さくわずかな利益しか見込めないものは計画段階で排除され、目先の利益が確実に取れそうなものばかりが優先されます。その結果、既存事業の改良や延長のようなものに注目が集まり、従来の事業とは非連続的な市場や技術をベースにした新規事業開発への取り組みはなかなか進みません。仮に取り組みがスタートしても、経営層の問題意識はもっぱら売上や利益の数字にあるので、製品を市場に投入する前の事業ビジョンの検討や事業化のための仮説検証段階の評価は行われません。その代わり「開発に時間が掛かっているからダメ」「当初目指した事業モデルを変えたからダメ」というような形式的で一方的な判断が下され、新規事業の芽が早々に摘まれてしまうということが起きています。

大企業発の新規事業開発を成功させるためには、事業開発の進捗を評価する方法を確立

開発の段階	評価方法
事業構想～初期の仮説検証	プロセス評価
粗いビジネスプランの策定～単年度黒字化	事業価値評価
単年度黒字化以降	実績評価

図表13　新規事業開発における事業性価値評価は3段階に分かれる

することが欠かせません。この物差しがなければ、何度新規事業開発にトライしても「いつになったら売上が計上できるのか」「それでは期待した売上に届かない」という批判を浴び、つぶされ続けることになります。

新規事業開発の進捗の評価は、大きく3つの段階に分かれます。「事業構想～初期の仮説検証」の段階ではプロセス評価、「粗いビジネスプランの策定～単年度黒字化」の段階については事業価値評価、「単年度黒字化以降」の段階では実績評価、売上・利益で評価します。これを総称して事業性価値評価と呼んでいます。初期の仮説検証段階にあるものに対して「売上はどのくらいになるんだ？」という視点で評価しようとするのはまったくピント外れです。

そもそも事業構想の初期段階で売上・利益の数字など明示できるはずがありません。

ここで行うべきは結果の予想ではなく事業開発の開発プロセスに焦点を当てた進捗の評価です。着想した事業構想がどのように深まったのか、その事業に新しい市場をつくる力がどれほどあり、市場はどれほどの成長の見込みがあるのか──これから参入する市場成長率予測が低い市場だったら、早々にレッドオーシャンに陥り、価格競争をしながらパイの奪い合いをするだけです──さらに顧客にどのような価値を提供できるのか、社会に広めたときの貢献度はどのくらいなのかといった検証が必要です。言い換えれば、当初のアイデアをリアルな事業に近づけるためにどのような検証行動をしてどこまで事業構想仮説の期待値が上がったのか、ということです。

さらにその後のより具体的な仮説検証の段階では、検証したいことは何で、誰がどのようにどれだけ検証し、何を学んだのか、といったことを高速で事業開発プロセスを参考に検証していかなければなりません。これらは製品を市場に投入して得られる「実績評価」ではなく、事業化決定前の事業性を見る「仮説検証」です。この「仮説検証」を評価する軸がなければ、新規事業開発がうまくいっているのか、いつどのような成果が期待できるのかということは明らかになりません。事業開発の各フェーズでふさわしい評価方法を工夫しながら、今どこにいて、次は何をすべきなのか、問題があるとすれば何を転換すべきか、このまま継続して大丈夫か、といった判断をすることが必要なのです。

技術成熟度とビジネス成熟度の両面を追い掛ける

では事業開発プロセスに対する事業価値評価は具体的にどのように行えばよいのか――技術成熟度とビジネス成熟度の２軸で追い掛けるのです。デジタルの時代、提供する価値の源泉として技術が大きな貢献を達成します。「技術成熟度」（ＴＲＬ：Technology Readiness Level）は、多くのＲ＆Ｄ部門で活用されている指標です。

もともとＴＲＬはアメリカ航空宇宙局（ＮＡＳＡ）が１９７０年代に開発し、提唱したものでした。ＮＡＳＡは宇宙開発にあたって大小さまざまな部品を国内外から広く調達したことで知られますが、広範な調達にあたっては調達しようとするものそれぞれの技術成熟度をアセスメントすることが欠かせません。

ロケットは極めて多くの部品から構成されています。ある時点でそれらを組み上げて完成させるためには、新規に開発している部品がいつ手に入るのか、開発の進捗が把握できていなければなりません。主要部品の一つが遅れていたら全体の工程に影響し、スケジュールの見直しも必要になります。そこでＮＡＳＡは、調達部品の開発の進捗について、共通の物差しを使って横並びで把握できるようにしたのです。

調達する製品はいずれもコンセプトレベルからプロトタイプへ、さらには実際のモデルへと一歩一歩完成度が高められます。実証環境についても、より本番環境に近いものに変えられながら開発が進められていきます。NASAは開発ステージを9段階に分け、各アイテムについて、それが今どの開発段階にあり、どのような成果が出ているかを数値化することで開発状況を定量的に判定できるようにしたのです。しかも段階ごとに算出される数値は単なる性能値ではありませんでした。一度高い性能値が出たとしても、量産できなければ意味がないからです。製造に関する安定性や再現性、量産性なども合わせて評価するものにしていました。

TRLを確立したことにより、各部品について必要としているレベルに対して、今どの開発段階にあるのかがすばやく判断できるようになりました。それだけでなく、全体を組み立てるうえでどのアイテムが遅れているのか、どこを急がなければならないのかということも俯瞰的に把握できるようになったのです。

このNASAのTRLの考え方は、その後、欧米の政府機関での研究開発事業の技術評価に使われるようになり、国際的な研究機関であるドイツのフラウンホーファー研究機構

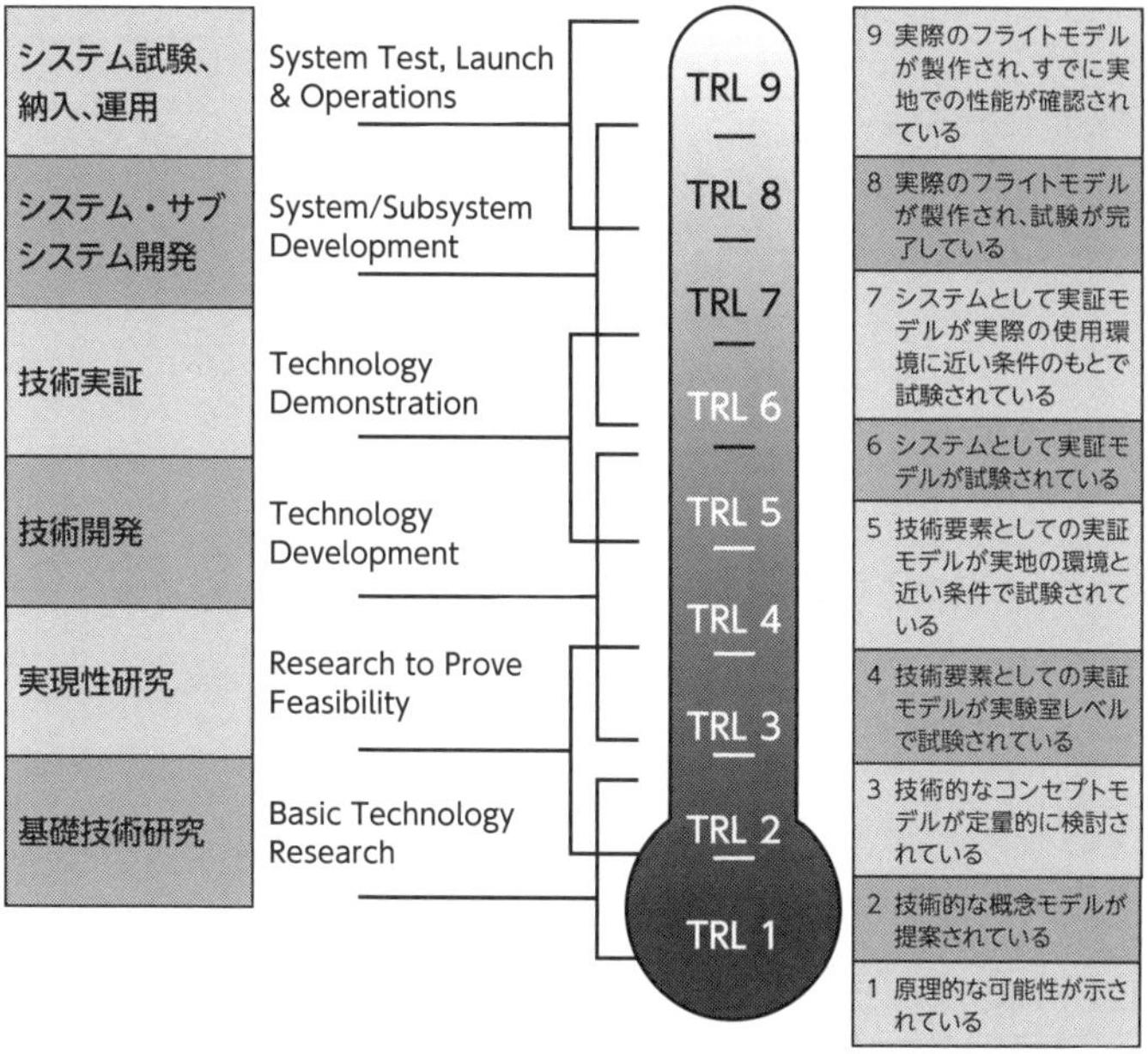

TRL:Technology Readiness Level(技術成熟度)
TRLは、NASAによって提案された技術の成熟度を測る指標。技術開発の現場と現場外の人間が技術の開発段階に関する認識を共有するためのツール。

図表14　NASAのTRL
日本学術会議主催学術フォーラム「防衛技術とデュアルユース」資料を基に作成

	成熟度レベル	状態と課題
BRL1	初期コンセプト	・少人数で提案されたビジネスコンセプト立案段階 ・課題、顧客、解決策、注力する領域、リスク等が不明確な状況
BRL2	課題解決手法	・課題と顧客が明確化され、解決策の優位性を代替方法を踏まえて説明できる段階 ・コンセプトのポテンシャルを注視し、バリュープロポジションは明確ではない状況
BRL3	チーム・計画の形成	・コンセプトの実現に向け必要なスキルとチームが整理された段階 ・チームが適切な専門家、課題に精通した人、十分な数の顧客にアクセス可能な状況
BRL4	顧客定義	・課題や顧客や解決策が多角的な視点から再検討され、実現可能性が見込まれる段階 ・ビジネスモデルキャンバスやバリュープロポジション等が作成されている状況
BRL5	仮説検証	・顧客へのアンケートやインタビュー等のテストから、仮説の妥当性が検証された段階 ・テスト結果等の根拠から仮説の正しさをサポートできる状況
BRL6	実用最小限の製品	・サービスや製品のプロトタイプを定義、製作、提供することで妥当性が検証された段階 ・アーリーアダプターの顧客が上記のプロトタイプ（解決策）を購入しようとする状況
BRL7	フィードバックループ	・プロダクト改善に向け、定期的な顧客からフィードバックと新機能を定義・設計された段階 ・機能実装に向けたロードマップや将来の製品マネジメント戦略が示された状況
BRL8	スケール	・ロードマップや製品戦略に基づく新機能が定期的に実装、検証される段階 ・新規顧客が定期的に獲得でき、新たな市場にプロダクトが展開可能な根拠がある状況
BRL9	市場への浸透	・法整備や国際標準化に向けたロビー活動を実施している段階 ・プロダクトおよび提供者がよく知られ、売上高が健全に成長する状況

図表15　BRL（ビジネス成熟度）の各レベルの一般的解釈
（『The Business Readiness Levels』による）

内閣府「次期戦略的イノベーション創造プログラム（次期SIP）の課題設定に向けて」を基に作成

でも業務管理に活用されるようになりました。また、ＥＵもイノベーション促進計画のなかでＴＲＬ９段階基準を採用、公募する先進技術開発事業に対して、提案者にＴＲＬ段階の申告を求めたり、公募条件を「ＴＲＬ６以上」としたりするなど、具体的な活用を進めました（内閣府第2回経済社会・科学技術イノベーション活性化委員会資料３「経済社会・科学技術イノベーションの活性化に向けて」などによる）。

このＮＡＳＡのＴＲＬの考え方は、その後イノベーションの評価手法にも援用されていきました。

技術開発の世界では一般的となったＴＲＬを参考に、ビジネスの世界に置き換えて考案されたものが「ビジネス成熟度」（ＢＲＬ：Business Readiness Level）という評価です。２０１９年、その名も『The Business Readiness Levels』（Richie Ramsden, Mohaimin Chowdhury著）という書物で明らかにされました。ＴＲＬと同様にビジネス成熟度のレベルを事業構想の段階である「初期コンセプト」（ＴＲＬ１に相当）から、最終の「市場への浸透」（ＴＲＬ９に相当）まで、９段階に分け、従来評価が難しかった事業開発の進捗を段階ごとに整理したのです（図表15）。内閣府の「次期戦略的イノベーション創造プログラム（次期ＳＩＰ）の課題設定に向けて」のなかでも重要な考え方として紹介され、ＮＥＣでも

		共通定義	プロセス名称	評価手法
BRL1	構想	・社会課題を特定し市場分析する ・事業ビジョン、事業シナリオを策定し、初期チームを構築する	GENERATE	プロセス評価
BRL2-0	検証 事業機会の明確化	・市場の問題やニーズを理解し、事業機会を明確にする ・仮説課題と顧客が明確化され、提供価値(解決策の優位性)、リターン・コスト等の事業モデルに関する仮説が立てられている状態(ビジネスモデルキャンバスなど)	IDEATE	
BRL2-1	検証 顧客発見	・特定された事業機会に対する効果的な事業仮説、解決策を考え、解決策に対し、お金を支払う顧客はいるのか？を検証する		
BRL2-2	検証 顧客実証	・サービスや製品を実際に初期顧客に提供し、設計した条件で事業モデルの成立性、再現性や高い顧客満足度が得られるかを実証する ・粗い事業計画を策定する		事業価値評価
BRL3	製品開発	・上記の粗い事業計画を基に、製品やサービスを詳細設計し、正式な事業化の準備を図る ・開発された製品やサービスが市場に受け入れられている証跡を示し、スケールアップの基礎を築く	DEVELOP	
BRL4	事業化	・正式な製品・サービスが出荷済みであり、品質が充実してきている ・経営赤字の解消の目処が立ちだす	LAUNCH	
BRL5	安定成長	・製品・サービスの質が安定し単年度黒字化を達成している ・より広範な顧客に向けて成長戦略が実行され、内部管理体制も整備ができている	OPERATE	実績評価

図表16　NECのBRL(ビジネス成熟度)

TRLを基に独自にBRLの策定を進めました。

この手法を使えば、まだ漠然としたコンセプトやビジネスアイデアの段階から、ほぼ完成した製品を市場に公開し、浸透させるまでの新規事業開発の各段階の取り組みについて成熟度を測ることができます。従来は、事業開発がどこまで進んでいるのか、それを評価するために細かく段階を区切る考え方も、客観的な評価手法もありませんでした。「まだ3合目くらい」「なんとか7合目くらいまでは来た」といった主観的であやふやな「評価」が行われていたのです。しかしこれでは新規事業開発を担うメンバーの間でも何ができて、何が課題なのか、次に何を目指すべきなのかということが明確になりません。目の当たりにしているのは同じ現実であっても、あるメンバーは「もう一息だ」と感じ、別のメンバーは「まだまだだ」といった具合に、チームとしての一体的な認識もつくれないのです。進捗を外から見守る経営層も判断の明確な指標がないことから「まだ事業化の展望は見えないのか。いつになったら売上が計上できるのか」といらだった声を上げることになり、事業開発チームもそれに対する明確な説得材料を用意することができませんでした。

新規事業開発が今どの段階にあり、次のミッションは何で期限はいつなのか、今のハードルをクリアしたときにどのような展望が開けるのか、それを具体的に示すのがBRLと呼ばれる開発の段階に応じた評価です。

まだ事業開発の途上ですから、実際に市場に投入した製品はありません。それでも、BRLで開発のどの段階にあるのかを明確にし、段階ごとに示される定量的な数値から事業開発の進捗や成熟度は明らかになります。BRLの1から2の段階では事業構想をいかに具体化できたかというプロセス評価を行います。同じく、主に3から4の段階では「今この事業を売却したら、いくらの値が付くか」ということを評価します。この売却可能価額こそ定量評価できる事業価値です。例えば「新規事業開発として取り組まれているプロジェクトAは今、BRL3の段階にあり、プロトタイプに対するアーリーアダプターの評価はこういう数値を示している」といったことから、その将来性を含めてこのプロジェクトを外に売却するとしたらいくらの値が付くかということが明らかになります。開発途上のビジネスであるにもかかわらず価額による定量評価が可能になるということです。

この事業性の評価はVCがスタートアップの評価に用いるバリュエーション(企業価値評価)を参考に、事業開発プロセスを定期的に評価するために簡易化したものです。

スタートアップは事業がまだ軌道に乗っていないだけでなく、初期投資が先行していることから赤字のことも多く、利益をベースに企業価値を算出することができません。そのためＶＣなどは投資判断に独自の評価手法を用いています。それがバリュエーションです。製品の革新性やビジネスモデルの優位性、マーケットや事業計画の成長性、さらには類似の上場企業の売上実績の推移などを参照しながら企業価値を算出します。

この手法を開発中の新規事業についても適用し、ＢＲＬによる成熟度の判定と併せて用いることで事業開発の進捗状況を定量化し、関係者の認識を合わせることができるようになりました。

具体的には半期に1度くらいのペースで外部の第三者とともに事業価値評価を実施し、事業開発の進捗状況を定量的に把握します。例えば半期前に10億円と評価されたものが、1億円の追加投資で半期活動した結果、15億円で評価されるものになったとすれば、ＲＯＩ(Return On Investment）の視点で開発事業がそれだけ前進したということであり、当然取り組みは継続され、さらに早期の事業化の加速を促します。

定期的な事業価値の評価は、事業開発の現状がどうなのか、プロセスを前に進めるために、また、事業価値を高めるために新規事業開発チームが何をすればよいかということを明らかにするものであり、メンバー一人ひとりについても、役割に合った目標を設定してＫＰＩ（重要業績評価指標）を明確にすることができます。また経営層とのコミュニケーションも指標に基づいた明快なものとなり、議論が空回りすることはありません。

事業価値は大きいに越したことはないのですが、新規事業開発にあたっては事業価値を高めるために具体的にどのように行うのか、結果はどうなのかを投資側と事業開発側が忖度なくコミュニケーションを取り、行動を促すことが最も重要です。BRLに沿った進捗の把握と、それぞれの段階での評価の仕方、そして事業価値評価の手法をしっかりと身につけておくことが重要です。

評価手法を確立して〝PoC症候群〟を脱する

PoCは、事業化を目指す製品の簡易版をつくり、実用環境で使用してみることで、コンセプトが実現可能で再現性があるかどうかを検証するものです。時間と手間を掛けて最終的な製品としてつくり込んでしまうと、コンセプトに実現可能性および再現性がないと分かったときのリスクが大き過ぎます。そこで簡易版で小規模な仮説検証を行い、開発失敗のリスクを小さなものにするということを目指しています。先のBRLのレベルに当てはめればＢＲＬ２–２の段階で実施されるものです。

ところが、このＰｏＣばかりが行われ、「評価を得た」と言いながらその先の事業化が進まないということがしばしば起きています。本来ＰｏＣは肯定的な評価が得られれば、事業化に向けて次のフェーズに進むものであり、まさにそのために行うものです。しかしＰｏＣが自己目的化し、ＰｏＣばかりやっているという〝ＰｏＣ症候群〟とでも呼ぶべき現象が起きているのです。

ＰｏＣはＲ＆Ｄ部門主導で行われることが多く、研究者は開発した技術の新規性や幅広い価値があることを証明したいため、再現性や事業成長性よりも多くの分野で実証したい欲求に駆られます。「ここでも使える」「こんなこともできる」と、ＰｏＣを通して自分の開発した技術が多くの産業で価値を生むことができそうだと知って満足してしまうのです。

この現象はビジネス成熟度を高めていくＢＲＬのプロセスのなかにＰｏＣが明確に位置づけられていないということに起因しています。何のためにＰｏＣを行うのか、それがどういう評価を得たら次の工程に進めるのかという方針が立てられていないのです。

ＰｏＣは単に技術成熟度を見て研究部門が満足すればよいわけではありません。事業開発を次に進めるためのものです。いろいろな業界で役立つだけではなく、事業化を目指す業界での評価こそ重要で、ＰｏＣを多方面に拡大するのではなく、同じ業界に絞って３件、４件と行うことも必要です。

業界を絞って初期の事業開発成果を求める行動は、研究者ともめることが多いです。これを防ぐために、ＢＲＬ－ＴＲＬ図（１３８ページ 図表19）の右下、左上を要注意ゾーンとしてモニタリングし、事業開発と技術開発のバランスを取ることが重要です。

撤退か継続かの判断は客観的な評価に基づくことが重要

新規事業開発の推進は、常に進捗状況をモニタリングしながら必要ならためらいなく撤退の判断をするものになります。開発工程が順調に進み、いよいよ市場に製品を投入する段階（ＢＲＬ２－２を出口として３に入る段階）では本格投資の判断を行います。売上・利益の推移を見ながら取り組みを本格化させ、さらに追加投資あるいは撤退の判断をしていくことになります。新規事業の推進は常に撤退の可能性を念頭に置かなければなりません。しかし、本格投資後は、その判断が難しくなります。

スタートアップのなかには「どうなるか分からない新規事業で販売や投資の計画を立てるのは無意味。資金がなくなるまで行けるところまで行く」と考える人もありますが、それでは計画的な追加投資も適切なタイミングでの撤退もできません。小さなスタートアップが「とにかく走ってダメなら潔く散る」と決めるのも一つの考え方です。一方、大企業の新規事業開発ではレピュテーションリスクもあり、そこまで割り切ることはできません。本格的な投資にあたっては、新たに市場に投入しようとする製品が企業として目指す使命や理念に則ったものであるのか、例えばＳＤＧｓ（持続可能な開発目標）やＥＳＧ（Environment：環境、Social：社会、Governance：企業統治）への配慮はなされているか、今後成長が見込まれる市場であるのかといった基本的な事柄について改めてチェックします。

さらに重要なことが「成功の定義」です。例えば3年後にはこの製品を１００社に提供できていないと、市場競争で生き残れないと考えることです。

もちろん「3年後に１００社」という数字も簡単には導けません。特にＩＴやＡＩの世界のスタートアップの動きは速く、ある分野で次々と起業する会社が登場しても、一定の実績を挙げたところは大企業に買収され、実績を残せなかったところは撤退を余儀なくされるなど、市場は伝統的な業界に比べて大きく変動します。参入する業界の特徴も計算に入れながら何年後にどこまでの成果を獲得したら成功とするか、目標を設定することが必要です。

「何年後」の時間軸の設定はとても難しいものです。私はお金の動き、投資家との対話、各社イベントを通じて仮説をつくっています。

仮に3年後に100件の顧客獲得を「成功の定義」とするなら、その1年前である2年目には少なくとも50件の顧客獲得ができていなければ目標達成はできません。するとさらにその1年前である事業開始初年度には20件程度の顧客を獲得していなければダメだという仮説が考えられます。これがマイルストーンになり、その進捗を促すKPIを設計することになります。

つまり1年目で20件に届かなかったら撤退ということです。しかしここで難しいのは、では19件だったらどうするかということです。1件でも未達だったらダメと割り切る場合もあり、また目標にどれだけ届かなかったか、その乖離率を併せて検討し、乖離率が50％以上（この場合なら20件の目標に対して10件以下の顧客獲得）であったら撤退、50％未満ならピボットやチーム再編成も含めて再検討するという考え方もあります。

事業ステージ	
シード (BRL6相当)	アイデアの段階を経て大枠のビジネスが決まった段階
アーリー (BRL7相当)	プロトタイプが完成し、企業運営の核となる製品・サービスの、実証的な形も含めて提供を具体的に開始している段階
ミドル (BRL8相当)	提供している製品やサービスが評価されビジネスが軌道に乗り始めた段階。PMF (Product Market Fit)が成立、さらなる成長が期待できる
レイター (BRL9相当)	安定した収益性が確保でき、 事業として安定している。IPOやM&Aを意識する段階
投資ラウンドと投資の主体	
エンジェル／シード	多くの資金は必要としないが、市場調査や会社設立費用、人件費などが発生する
シリーズA	ビジネス開始直後のスタートアップに対する投資。シリーズA優先株式といわれ、イグジットの際、普通株式に転換されることが多い
シリーズB	企業をさらに成長させていくため、設備投資、販売促進、新規顧客の開拓など、多額の資金が必要になる。VCが担うことが多い
シリーズC	IPO、M&Aなどを意識する段階の投資

図表17　起業後にたどる事業ステージと調達する資金の狙い
（BRLのレベルは『The Business Readiness Levels』に基づく）
東大IPC「投資ラウンドとは」ほかを基に作成

いずれにしてもマイルストーンとＫＰＩが明確であれば、その乖離率も含めて開始した事業のモニタリングを定量的に行うことができ、新規事業がどういう方向に向かっているのかが可視化され、投資継続や撤退の判断もしやすくなります。

新規事業開始当初は人件費、製品に関する仮説検証に資金を使わざるを得ず、赤字経営を余儀なくされます。製品にインパクトの大きな価値があり、再現性があると検証できたならばＰＭＦ（Product Market Fit）が成立し、顧客の満足と市場への浸透のための投資をテンポよく実現しながら、急カーブで成長曲線をたどる期待を高めます。

ＰＭＦはスタートアップの成否を判断する重要な指標と考えられているもので、アメリカの著名な投資家のマーク・アンドリーセン氏によって広められたものです。スタートアップを成功させるうえでは「顧客の課題を満足させる製品」であることと「適切な市場の選択およびそこに受け入れられていること」の２つがそろっていることが重要であり、いずれか一方が欠けていると、事業は失敗につながると考えるものです。いくら優れた製品であっても適切な市場を得ていないまま追加投資しても事業の拡大はできません。

新規事業の本格的なスタート後の追加投資は、マイルストーン、ＫＰＩなどの見極めも念頭に事業ステージに合わせて計画します。社内に定量データを示しながら追加投資を求めることや、事業化の戦略次第で、外に切り出してVCなどからの投資を集め成長を一気に加速させるという選択肢もあります。ここでも重要なのは成長段階（事業ステージ）に応じた事業実績の客観的な評価です。最初期にある事業に「PMFが成立していない」といってもそれは的外れです。事業開発段階だけでなく、製品の市場投入後もステージに応じた実績評価を進めることが重要です。

撤退判断は本人にはさせない

BIUが初のカーブアウトとして2018年4月にdotData社をシリコンバレーに4人で設立し事業を開始したとき、翌年10月末にはシリーズAの投資としてVC大手のジャフコと米ゴールドマン・サックスが2300万ドルを出資することを決定しました。当時市場関係者からは、上場を目前にした企業に対しての出資が多いゴールドマン・サックスがほとんど前例のない早い段階の出資に踏み切ったということで大きな話題を集めました。dotData社は、非常に早い段階で大きな資金を獲得できたことが事業の成功につながっています。もともとＣＥＯの藤巻氏がシリコンバレーにあるＮＥＣの北米研究所で業務経験があり現地に人脈をもっていたことや、ＡＩを使った特徴量自動設計という最先端の技術に対する評価が高く、早い段階で資金調達ができたことはその後の成長に直結しました。

しかしもし設定した目標に達せず、モニタリングで得られる数字が改善しなければ事業の中止、撤退という判断が必要です。

スタートアップが投資家から資金を集めて事業を開始した場合は、資金が尽きれば悩む余地なく撤退・事業譲渡を決断せざるを得ません。ところが社内からの出資で事業をスタートした場合は「ここまでやったんだからもう少し頑張ってみたい。少なからず投資をした分をなんとか回収したい」という心情に引きずられることが少なくありません。リーダーも「メンバーはもう少しやりたいと考えている」と、部下の心情に配慮するあまり、本来継続できないものをずるずる続けてしまうということもあります。しかしここは当初決めた数値の基準を貫くべきです。一定期間運用していくなかで貫く基準が市場や企業の状態と一致しなくなれば基準を見直せばよいのです。

そもそも当事者に判断を求めてよいのかという問題もあります。事業化に懸命に取り組み、実際、新規事業としてスタートさせたメンバーはいわばアクセルを踏んでいる人間です。その同じ人間にブレーキを踏ませるのは、もともと無理があるのです。ブレーキ役は別のところ、投資側にいなければなりません。

また、撤退の判断で気をつけなければならないのは、大企業が自社内で新規事業開発に取り組んだ場合はもちろんですが、ＪＶを組んだり、カーブアウトして外に切り出したりした場合でも、自社本体のレピュテーションリスクを恐れてつぶさないという判断に傾きがちだということです。

ＩＴ系の若い会社であれば新規事業に失敗はつきものであり、やってみてダメだったらつぶせばよい、会社を清算しましょうという感覚をもっています。しかし大企業は一度つくった会社は簡単にはつぶさない、つぶしてはいけないという文化があります。つくったからには調子が悪くなっても簡単には倒産はさせない。追加資金を投入してもなんとか救おうと考えるのです。

その意味では仮に当事者ではない人の判断に委ねても、やはり撤退の判断が遅れるということが起こりがちです。

ＮＥＣのＢＩＵの場合は、新規事業のために外に会社をつくる際、「資金が尽きてしまうリスクが高まった場合、清算検討を開始する」という基準で会社設立することが多く、撤退の判断基準は比較的明確です。

会社によって文化は異なります。大企業が外に新たに会社をつくるのは並大抵のことではありません。慎重に計画を練ってスタートして、簡単にはつぶれないようにするために入り口のハードルを高くして失敗の確率を下げる場合もあれば、逆に入り口は低くしてチャレンジしやすくして、多くの失敗があってもそのなかから1つか2つが成功すればよいと割り切ることもできます。どちらが良いかは一概にはいえません。その会社の歴史や文化に合わせて選択すればよいです。いずれにしても重要なことは客観的な事業性の評価に基づく判断です。

PART 6

第4の鍵　事業開発プロセス

事業戦略策定、事業検証、事業化準備、事業開始……プロジェクトのフェーズを明確にしてメンバーの認識を統一する

新規事業開発を語る共通言語がない

ＢＩＵで確立された新規事業開発のプロセスは、確立の過程で多くの知見が得られ、そこから社内外での新規事業創出を支援するBIRD INITIATIVE（BIRD社）を設立するまでに至りました。この成功の裏には新規事業開発でのプロセスと共通言語を明らかにしながら進めたことが大きかったのではないかと思っています。

事業評価の方法論や具体的な手法の欠如という問題が起こったとき、その原因となるのは新規事業開発ならではのプロセスの理解と共通言語づくりができていないことです。

例えば新たな事業開発にあたって、戦略的に重視したい技術分野として「ＡＩを使ったデータサイエンスの自動化」といったことを語ると、間もなく販売部門から「製品はいつ市場に投入できるんだ？」と最終的な上市の時期を問い合わせる声が上がります。まだ生煮えで検証も進んでいない事業アイデアを話しているのに、営業部門や財務部門から「それはどのくらいの売上になるんだ？」と見通しを聞かれるといったことも多くの企業で見られます。

事業開発のどの段階の何の話をしているのか、立ち上げ期のアイデアなのか、それとも市場投入目前の製品の話なのか、技術の話をしているのか提供価値の話をしているのか、顧客の話をしているのか……新規事業開発者と既存の各部門長や役員の言葉がまったく噛み合っていないのです。

新規事業開発は、既存事業の維持・拡大とはまったく異なるプロセスをたどります。そのプロセスの明確化とプロセスごとの共通言語をつくらなければ、すれ違いは解消できません。多くの大企業は既存事業を守り成長させていくための取り組みのプロセスには熟達し、それを語る言語をもっています。事業の中心になっている技術に関する動向も消費市場の動きも、共通の認識として視野に入っています。どこにどのような可能性があるのかを探りながら、拡大・発展の戦略を練り上げることは、これまでもずっとやってきたことです。しかし新規事業開発については経験が乏しく、独自のプロセスに暗いことから語る言語がありません。そしてその自覚がないまま、知っている言葉で新規事業に関する質問をしたりして進捗を確認しようとします。

思いつきに過ぎないものについて、売上の見通しや規模を尋ねられても、開発者は返事のしようがありません。技術の可能性が非常に大きいと言っているだけなのに、顧客にどういう価値が提供できるのかと問われてもそれはまだ分かりません。しかし既存事業からの類推でエビデンスや明快な予想数字を求めることによって、魅力ある新規事業のアイデアをつぶしてしまっているのです。

「今話しているのは事業アイデアのユニーク性であり、それをいかに製品開発につなげていくかは今後のテーマです。もちろん、まだ事業収支を語る段階ではありません。その質問は今は控えてください」と部門長や役員に言えなければなりません。大企業の新規事業開発では新規事業ならではの事業開発プロセスを前提にした共通言語の獲得がまず必要なのです。

新規事業開発の基本的なプロセスとは

新規事業は突然天から降ってくるように生まれ、すぐに市場に投入されるわけではありません。素朴なアイデアの段階から必要なステップを踏んでビジネスモデルとして完成され、いよいよ市場に投入されるまで独自のプロセスをたどります。

GENERATE	事業ビジョン・事業戦略の検討
IDEATE	顧客開発・ビジネスモデルの検証
DEVELOP	製品開発・ビジネスプランの検証
LAUNCH	市場投入準備・市場投入
OPERATE	単年度黒字化済・事業拡大

図表18　NECの新規事業立ち上げまでの5つのフェーズ

NECでは、大きく分ければ表のような5つの段階をたどります。出発点にあたるGENERATEのフェーズは、事業構想を練る段階です。例えば研究開発部門でユニークな技術がある。これが事業化できるのではないかということを、マネタイズを含めて仮説を立て検証していきます。最近ではこのフェーズで「ユニコーン仮説がある」かを投資判断の一つにしています。どのような事業を成し遂げたいのか、事業価値1000億円をつくるための事業シナリオはどのような仮説なのかを描きます。事業価値1000億円の仮説なんてナンセンスだ!とよく言われます。しかし、仮説検証が終わり、本格投資のための現実的な事業計画を示す頃には、あっという間に当初の事業構想規模の20%までしぼんでいく例を目の当たりにします。だからこそ初期構想はビッグビジョンを描いてほしいのです。

ただし、いくらユニークな技術でもそれによって価値提供をする時間軸がまったく見えないものを事業開発フェーズに入れるこ

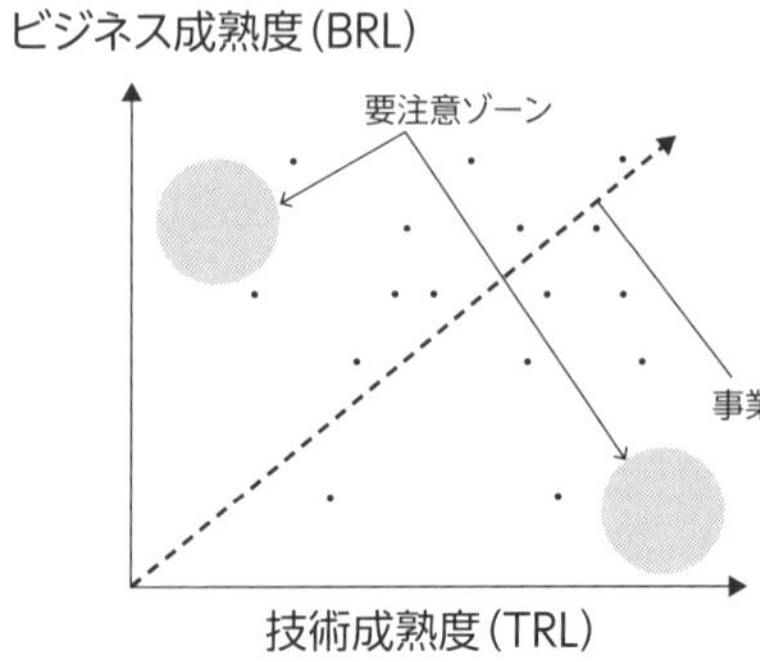

技術成熟度とビジネス成熟度の2軸を取り、対象となる技術を打点する。事業化のレールに乗せる段階にあるかどうか判断する。

図表19　BRL-TRL図

とはできません。実用化まで10年掛かる技術開発予測ならば、10年後を見越した事業開発のステップを考えなくてはいけません。基本的には基礎研究を終え、応用研究に入る時機が見えてから事業開発フェーズに入れます。

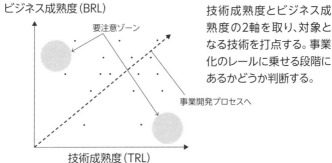

その判断は図表19のように技術そのものの成熟度を横軸に、ビジネス成熟度を縦軸に取り、検討対象を打点していくことによって行います。技術成熟度とビジネス成熟度がバランスよく進んでいるプロジェクトは事業化のテーマとして有望であり、次のフェーズに進めていきます。要注意ゾーンは、技術成熟度は高いが、事業開発がまったく進んでいないもの(右下)、あるいは提供する価値の源泉が技術であるのに技術成熟度を高めていないまま事業開発を進めてしまっているもの(左上)です。右下の要注意ゾーンは早期に事業開発

の道筋が立たない場合、研究開発の継続を判断します。左上の要注意ゾーンは、市場の期待値ばかりが先行して顧客を裏切るリスクが高いため、早期に研究開発の道筋を立て直します。このようなBRL‐TRL図を用いてポートフォリオを組むことで、研究テーマや事業開発テーマ全体を期待する時間軸とともにマネジメントし、切れ目なく研究開発と事業開発を融合させていきます。

GENERATEフェーズに続くのがIDEATEのフェーズです。事業化のプロセスの第2段階です（ただし、既存事業の周辺や対象領域が決まっている場合はIDEATEが第1段階になります）。ここではその技術を使って誰にどのような価値提供を行うのか、顧客を具体的に設定し、ビジネスモデルをつくって検証していきます。そして再現性のあるビジネスモデル検証が終わる頃には、製品開発計画や商流を含めた収益化モデル、オペレーション体制を煮詰め、ビジネスプランの完成度を高めていきます。続くDEVELOPは本格的な製品開発のフェーズです。ここでは製品の細部の仕様や価格も決め製品化します。そして、本格的な市場投入を開始し、事業として適切な品質やセキュリティ管理、リスク管理についても内容と体制を整え、広告・広報も含め事業実行、LAUNCHします。

スタートアップと大企業の新規事業開発はどこが違うのか

従来にない技術やサービスを開発し、新たなビジネスを創造して市場をつくり上げる──この新規事業開発の基本的なプロセスは、担い手がスタートアップでも大企業の新規事業開発室でも大きく変わるものではありません。しかし、どういうステップを踏んで製品がLAUNCHに至るのかは、各企業の業態や経営の意思決定モデルによって異なります。大企業はスタートアップの成長モデルを基本としたプロセスだけでは課題があることを知らなければなりません。

GENERATEとIDEATEの取り組みを通して実現しようとするものは、スタートアップも大企業も基本的には同じです。事業ビジョンを明確化し、顧客を見つけ、その製品に対し顧客が対価を支払う価値があるのか、事業として利益を生み出せるのか、検証を重ねていきます。

しかし、その先は異なります。スタートアップは「いけそうだ」となればすぐに製品の市場投入へと進みますが、大企業は「いけそう」であってもすぐには販売に移れません。社内で事業化するにあたって、知財戦略と知財化、マーケティング戦略整合、セールスマネジメントシステムやサプライチェーン・マネジメントシステムへの実装……そして財務会計・管理会計との整合が必要です。事業規模が大きければ大きいほど、この作業は大掛かりになります。つまり、基本的なプロセスは同じであっても、大企業は、正式事業化直前のプロセスが厚くまた重いものにならざるを得ず、それだけ製品の市場への投入に時間が掛かります。新規事業開発プロセスを構築する際、グローバルなイノベーションノウハウを社内実装するときに見落としがちで面倒になりがちな点になります。もし、時間を優先し、売れた・売れないという結果がいち早く知りたいのであれば、社外で事業化することも考えなければなりません。こうした大企業独特の事情もプロセスに関する共通理解としても ち、打ち手の準備が必要です。

クローズかオープンか

新規事業開発のプロセスの検討にあたっては、自社内でクローズしながら進めるか、いわゆるオープンイノベーションの形を取って他社や大学などの研究機関と共創するのかという選択も必要になります。絶対にクローズでなければならない、オープンでなければならないということはありません。ケースバイケースで判断します。

その際、一つの判断要素になるのが「競争領域」と「協調領域」を分けて考えることです。自分たちが市場に対して影響力をもってマネジメントできるのなら、そこは自社が優位を確保できる競争領域であり、それはクローズにしておけばよいわけです。一方、すでに誰かが先行して優位を確保している領域へあとから参入するのであれば、徹底的にオープンにして、さまざまな知恵を広く外から集め、それを連続的に統合する形で新たな魅力をもったものをつくり上げていくほうが可能性は広がります。「協調領域」戦略を武器に、いわゆるオープンイノベーションとして取り組むことになります。

いずれにしても、新規事業の開発は数カ月で簡単にできたり、1年掛ければなんとかなったりするというものではありません。「イノベーションは一日にして成らず」です。仕組みを変えるのは時間が掛かりますし、新しい事業で売上が安定し利益が出るまでにはさらに長い時間を要します。時間に関しては、市場の動きも速く、のんびり構えているわけにはいきません。ただし、焦る必要もありません。適切なタイミングが到来したときに一気に加速できるように、さまざまな仮説をもって考えておくことが重要で、その意味ではどっしりと構えることも必要です。周囲の動きも見ながら、時には落ちついて、時にはスピードアップするといった臨機応変な取り組みも、ゴールまでのプロセスが明確であれば気持ちに余裕をもって進めることができます。「今はここまで進めておく」「こういう条件が整ったら一気にスピードアップする」といった判断も可能になるからです。

プロセスの明確化によって得られるもの

新規事業開発がたどらなければならないフェーズを共通認識としてしっかりもつことには、いくつものメリットがあります。

1つ目はいうまでもなく、今どの段階のことを論じているのか、という共通言語による共通認識が生まれ、コミュニケーションエラーが大きく減るということです。互いが今はどのフェーズのことを話しているのか理解ができることで、議論のすれ違いがなくなります。また各フェーズで議論して取り決めるべきことが明確になるので、あらかじめどこで議論が起きやすいかを念頭に置いて、クリアするにはどうすればよいかという準備もしやすくなります。

例えばDEVELOPの本格投資を決めた段階ですべきことをIDEATEの段階でやろうとしたり、逆に、まだIDEATEの段階の議論をしているのに、製品の細部の仕様を話題に上げたりすれば議論は混乱するだけです。「今何を話しているのか、常にフェーズを明確に意識する」ことが、議論をスムーズに進めることにつながります。

また、プロセスの明確化の2つ目のメリットとして挙げられるのが、事業開発の失敗確率が減り、再現性が高まるということです。

プロセスをベースとした新規事業開発の経験を蓄積することで「この段階でこうすると失敗しがちだから注意が必要だ」「振り返るとこのフェーズで、あのような状況下であのような意思決定をしたのは失敗だった」とか「このフェーズにあるプロジェクトは半年後、こういう段階に進むはずだから、今はこういう打ち手を準備しておいたほうがスピードが落ちない」というように、新規事業開発の当事者同士がプロセスを軸として議論するように変わってきます。事業開発の段階を共通認識にすることで、各段階ですべきことを明確化し、失敗する確率を減らすことができるのです。また、プロセスが適切に設定されていれば、業務が属人化せず組織的な活動として進めることができます。

3つ目のメリットは、プロセス力は外的要因に左右されずに高めることができるということです。

景気動向は自分たちがコントロールできるものではありません。良いときもあれば悪いときもあります。したがって事業の成功・不成功も、事業開発者の判断や行動に関係なく、外部環境に左右されます。しかし、事業開発プロセスの行動結果や人材開発は企業内部のものであり、経験や判断軸をノウハウとして蓄積することができます。人事異動などで十分に継承・蓄積できないという可能性もゼロとはいえませんが、経験を蓄積し、振り返りを通じて洗練・成熟していくことで、企業の事業開発での判断力を向上させていくことができます。プロセスごとにテーマと取り組みの内容が整理されていくからこそ、ノウハウとして継承が可能になるのです。特に、日本文化は「改善」に関しては優れています。プロセスを軸に行動や経験を言語化、可視化することによって改善サイクルが実装され、新規事業開発の精度と練度を高めていくことにつながります。

論理的に説明できるものであること

新規事業開発に臨む行動力を高めるポイントに、「サイエンス」と「アート」の2つの面を意識することが挙げられます。各プロセスを構築する際にはまず、サイエンスの視点が重要です。結果を分析し、定量化したデータを定点観測していくことが必要です。サイエンスとは再現可能ということです。できるときもあるができないときもあるという世界はサイエンスではありません。

そして再現可能性を高めるためには、論理的でなければなりません。AをすればBになる、BができればCになるということが論理的な構造になっていなくてはいけないのです。このような構造で語れる内容は基礎的な行動であり、論理的に示される行動を当たり前にできるようになることは失敗する確率を減らし、スピードを速める事業開発力の底上げにつながります。

この当たり前の定量的な判断は、人の経験や考えのバイアスの介在が少ない判断です。まずこれが判断の下地です。事業の最終的な成果は誰にも分かりませんが、プロセスが論理的に積み上がっていれば進め方は合意しやすくなります。論理的な判断が必要であることはスタートアップでも同じですが、大きな企業を動かすにはより論理的であることが求められます。

意思決定にはアートの要素も必要

事業開発プロセスに基づく進捗を次のフェーズへと展開させる際の判断には、人それぞれで異なるアート（直感）の要素も含まれます。その意味で論理的に展開するための「サイエンス」が基本とはいえ「アート」の要素も無視することはできません。新しい事業の開発に関わるすべてを科学的なアプローチだけでできるかといえば、そうは言い切れないからです。科学的なアプローチだけでできるならば、審査員として人は必要なくなるかもしれません。

人間というのは常に正しいことを正しく行動するとは限りません。未知への挑戦には、論理的に説明できない直感的な部分もあります。経験や勘、読みとか意思といった部分です。それらをひっくるめていえばアートということになります。

新規事業開発には手に入る定量的なデータだけでなく、こうしたアート的な要素も必要になります。属人的な要素をうまくプロセスに組み込み、意思決定していくということです。関係者とのコミュニケーションでも、サイエンスとアートの2つの観点があることを念頭に置いて、事業開発プロセスの各段階に合わせて行っていくことが大切です。

この点、スタートアップの判断は、大企業が当たり前だと思っているところをあえて崩そうとしたり、理屈や市場が示す明示的なデータから導かれたりしたものではなく、社長のアイデアや強烈な意志、まだ世の中の誰も気づいていないけれど必要性を確信する判断が少なくありません。まさにアートの世界の意思決定です。実際、言っていることはよく分からないけれど情熱に溢れ、結果も出しているというリーダーもいます。

新規事業開発では人の内面からほとばしるような感覚や熱意を受け止めながら意思決定していくことも必要です。もっとも、大企業によく見られるように、過去の成功体験がベースになって「そんなものにお金を払う人はいない。俺の経験からいって絶対うまくいかない。やめておけ！」と言ってプロジェクトの邪魔をする人もいます。これもある種のアート志向（マイナスのアート志向）といえるかもしれません。

しかし、尊重すべきアート志向はプロセスを前に進めていくためのものであり、プロジェクトを事実ではなく思い込みの未来志向でやめるマイナスのバイアスは避けなければなりません。

単独のプロセスにしない

新規事業開発のプロセスの実行で重要なことは、大企業がスタートアップと同じやり方をしてはいけないということです。

一般にスタートアップ流とかスタートアップふうのプロセスの考え方や展開の仕方があります。例えばAmazonのジェフ・ベゾス氏が提唱したTwo Pizza Rule――プロジェクトは2枚のピザを分け合うくらいの少人数のチームで進める――、リーンスタートアップ――ニーズを満たす必要最小限の機能をもったMVP（Minimum Viable Product）を早期に顧客に届け、そのフィードバックに基づいて改良を重ねていく――、さらには開発プロセスを細かく分けて実装とテスト、改良を繰り返すアジャイル開発や迅速な意思決定などはスタートアップならではのスタイルといわれます。確かにこれらは採用する価値のあるものです。特にアジャイル開発の手法や意思決定のスピードなどはスタートアップに学ぶところが多いです。しかし、完全にスタートアップと同じプロセスだけでは大企業だからこその価値が付加できません。大企業の場合は新規事業開発を担当する部門やチームに限定した取り組みにするのではなく、事業開発フェーズごとに大企業ならではのリソースを活かす仕組みを考えるべきです。そうでなければ大企業で新規事業開発に取り組むメリットがありません、面倒なだけです。

例えばIDEATEの段階で、誰にどういう価値提供をするのか、その内容を検証するときに、圧倒的な数の既存顧客や多様な経験をもつ多数の社員に短期間で一気にインタビューしたり、新規事業開発で進めているものを早めに既存顧客に紹介して本格投資前の事業計画の蓋然性を高めたり、事業準備の成熟度を高めることができます。

そして事業化されたあとは、既存事業とのクロスセルやアップセルを早期に大きく展開できれば、短期間に事業成長を果たせます。仮に検討中の事業仮説が顧客企業側の従来事業の延長線上ではない非連続な新規事業であっても、顧客のイノベーション推進部門に事業開発中の取り組みを紹介することが新しい事業共創につながり、既存事業とは異なる新しい組織関係を築き、事業機会を増やすことにもなります。

こういう取り組みができていれば、新規事業と既存事業が新たに接点をもち、互いに成長していくことができるのです。場合によっては既存事業が新しい製品を取り込みながら、それを主要事業に切り替えていくことも考えられます。新規事業開発のプロセスは既存事業のもつ資産を活用して加速し、最終的な成果を既存事業にも返していけるような循環型の考え方が必要です。

大企業だからこそ保有しているさまざまな資産を有効に活かせるようにプロセスを設計し、それによってプロセスがさらに加速し、充実していく――これはスタートアップだけでは難しいことです。新規事業の検証スピードを速め、事業化したあとの成長を速めるという意味でも、既存事業がもつ資産は積極的に活用していくべきです。

「飛び地」「社内特区」として切り離さない

新規事業開発では、スタートアップの仕組みをまねることが成功につながると考え、「飛び地」や「社内特区」などと呼んで既存事業と新規事業を完全に切り離し、あたかも企業内の独立したスタートアップのように考えて挑戦している企業も数多くあります。既存事業と新規事業開発は切り離すべきであり、「既存事業の引力に引きずり込まれてはいけない」「既存事業関係に忖度しないように組織で育てる」と考えるのです。しかし、新規事業開発を完全に切り離せば既存事業から見て「新規事業開発チームは別物であって、恵まれた環境にいる特別な集団」であり、「自分たちとは関係がない」ことになってしまいます。これでは大企業のなかで新規事業に取り組む価値がありません。

そもそも、単に事業を外に切り出すだけならば、スタートアップと同じ土俵で戦うことになるだけです。

大企業が事業開発を行うのであれば、自社のもつ資産を最大限活用することが欠かせません。逆にいえば、スタートアップにはない組織力を最大限に活用できることが、大企業の最大の強みともいえます。スタートアップ流の考え方と経営の仕組みを取り入れながら、大企業ならではの強みが活用できるように独自のプロセスや考え方をもつべきなのです。

新規事業開発は既存事業からの利益を先行投資しています。新規事業開発部門は、なんらかの形で既存事業にフィードバックし、企業全体の成長につなげていくところに価値と責任がありますその期待がないのなら、面倒なことがある大企業でわざわざ新規事業開発に取り組む必要はありません。

大企業の既存事業がもつ強みは、あるタイミングで必ず新規事業に付加することができます。社内対応は大変でも、それを乗り越えていく意義と価値があるのです。そこにスタートアップとは違う大企業流の新規事業の醍醐味があり、価値があります。最終的には哲学の違いかもしれません。私は新規事業開発部門と既存事業部門を分けて各部門がゴール達成を目指しながらも、新規と既存の部門間の文化融合は必須であり完全に切り離すべきではないと考えています。

事業創出ができる会社になるためのグランドデザインを策定

システムインテグレーション事業を主力としてきたＮＥＣに、自ら市場の流れをとらえ、競合相手を見ながら事業を主体的に生み出していくという事業開発モデルは存在していませんでした。それを語る共通の言葉も、具体的なプロセスもなかったのです。そのために、素朴な事業アイデアに、売上・利益額の明示を求めるといった噛み合わない議論があちこちで起こりました。

ＢＩＵでの私の最初の仕事も、自ら事業創出する企業になるために、何をしなければならないかというグランドデザインをつくることであり、中心となったのが事業開発プロセスを明確にすることでした。

リーンスタートアップやデザイン・シンキング、ビジネスモデルキャンバスなどの手法を駆使した製品や事業モデルのスピーディな開発プロセスを学びながらも、それを単純に踏襲するのではありません。

大企業ならではの資産の活用を組み込み、新規事業開発が同時に既存事業の成長へと環流し、さらにそれが新規事業開発の力になっていくという循環構造を確立することが大きなポイントであると考えていました。この循環型のグランドデザインができたことで、会社として何を目指しどのように歩んでいくのか、確固とした「羅針盤」を得ることもできたのです。

ＢＩＵの新規事業開発の仕組みづくりメンバーは当初10人ほどの小さな組織でした。その後陣容を拡大し、新たなメンバーを迎えるときも、この「羅針盤」を示し、さらにこのゴール、仕組みを目指すためにこの部分で力を貸してほしいと、具体的に目標を伝えていきました。大企業での新規事業開発のプロセスが見え、共通言語ができたことが、その後の歩みを支えるものになりました。

体系化した事業開発プロセスをコンサルティング事業としても展開

ＮＥＣでの新規事業開発も、そのプロセスと共通言語を明らかにすることからスタートしています。ＢＩＵの手で体系化された事業開発プロセスは、その後、ＮＥＣ社内の各事業部門での事業開発はもちろん、事業提携やＪＶの設立、カーブアウトによるスタートアップの設立、さらにスピンインなど、さまざまな手法を駆使した社内外での新規事業の創造を導くガイドとなりました。

また、このプロセスの確立の過程でＮＥＣ社内で議論してきたことは非常に有益で、多くの知見を得ることができました。そのことから、これから新規事業開発に取り組む企業の支援をしたいと考えて、Ｒ＆Ｄ起点からの新規事業開発を、オープンイノベーションで支援するサービス事業を担うことにしました。それがBIRD INITIATIVE（BIRD社）です。NECからのカーブアウトとして2020年に設立しました。2023年度現在、私自身がNECと兼務する形で代表取締役を務めています。

BIRD社はさまざまな事業会社のR&D部門がR&D投資対効果の明確化に苦労し、常に経営に対する貢献のプレッシャーにさらされ事業創出に苦労していること、さらにR&Dからの事業化は「企業全体のイノベーションの仕組み」と「個別テーマの設定や育て方」の両面に課題があると考えたところから出発しました。その課題解決を目指してNECで培ったさまざまなノウハウをツール化し、それを武器にしながらR&D部門がもつ要素技術や知的財産を預かって大きく育て、カーブアウトすることをミッションとする会社です。

R&D発の新たな事業創造には「魔の川」「死の谷」「ダーウィンの海」と呼ばれる3つの難所があるといわれています。

「魔の川」というのは技術を製品に結びつけることができないという関門です。「死の谷」というのは、製品としての開発はできても、それを実際に市場に投入し事業として動かそうというときに現れる壁です。さらに「ダーウィンの海」というのは、市場に投入した製品が競争のなかで優位性を示すことができず、業績に寄与することができないという壁を指

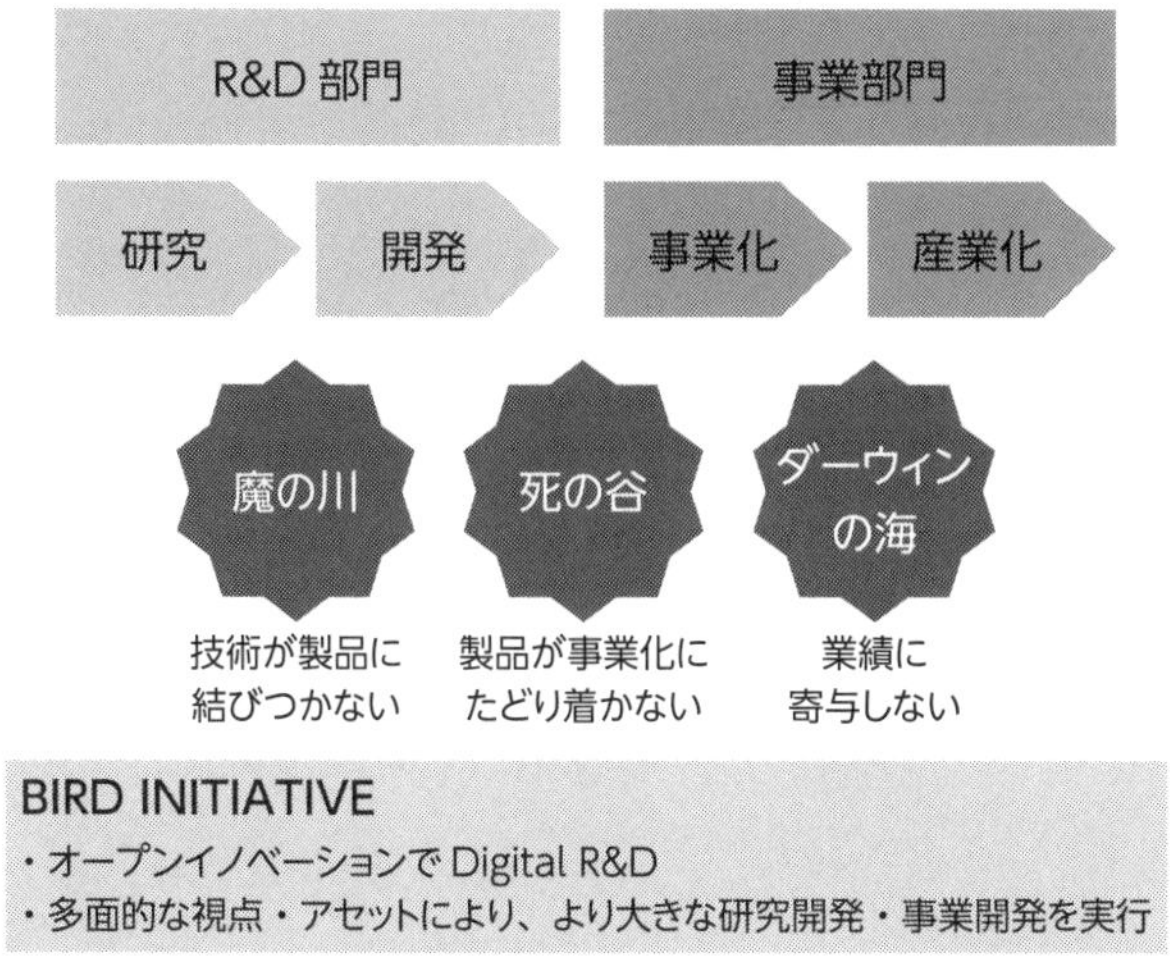

図表20　出資の共創によって魔の川、死の谷、ダーウィンの海を越えていく
『技術経営の考え方 MOTと開発ベンチャーの現場から』(出川 通、光文社)を基に作成

しています。「魔の川」を乗り越えるには顧客のニーズを具体的につかみ、技術シーズを製品へと発展させる必要があります。「死の谷」を乗り越えるためには、事業としての完成度を高めなければなりません。さらに「ダーウィンの海」に溺れてしまわないようにするためには、常に付加価値を高め、変化する市場環境に適応していくことを考え続けなければならないということです。

しかしこれらのことを1社のなかだけで進めるのは簡単ではありません。特に大きな企業では研究開発部門と事業部門の間の壁が厚く、コミュニケーションがうまく取れていないということがしばしばしば見られ、しかも、社会のニーズは急速に変化し続け、また多様化しています。社内改革や人材の育成だけでなく、社外からの人材の登用や他企業や研究組織などとのオープンイノベーションも積極的に検討することが必要です。しかしこれもノウハウや経験がなければ、何から手をつければよいか分からない、という状況に陥ってしまいます。そこで立ち上げたのがBIRD社でした。

BIRD社は具体的にはコンサルティングとスタートアップスタジオの2本立てで事業を展開しています。大企業が蓄積した最先端の技術、人材などの資産を、スタートアップさながらのスピードで、会社設立および外部資金を取り込んで規模を拡大させる、カーブアウト支援プラットフォームを提供しています。また、このような日本型のイノベーション創出方法を確立し、日本の産業競争力拡大に貢献していきたいと考えています。

また1社の技術シーズ（新規事業開発を進めていくうえで必要となる技術）を扱うだけでなく、業界の各社が協調できる領域の技術はBIRD社に集約し、競争領域では各社で競い合うという使い方も想定しています。単にNECのノウハウを外に提供するというのではなく、さまざまな形で新規事業開発のエコシステムをつくっていく場になることを考えたものです。

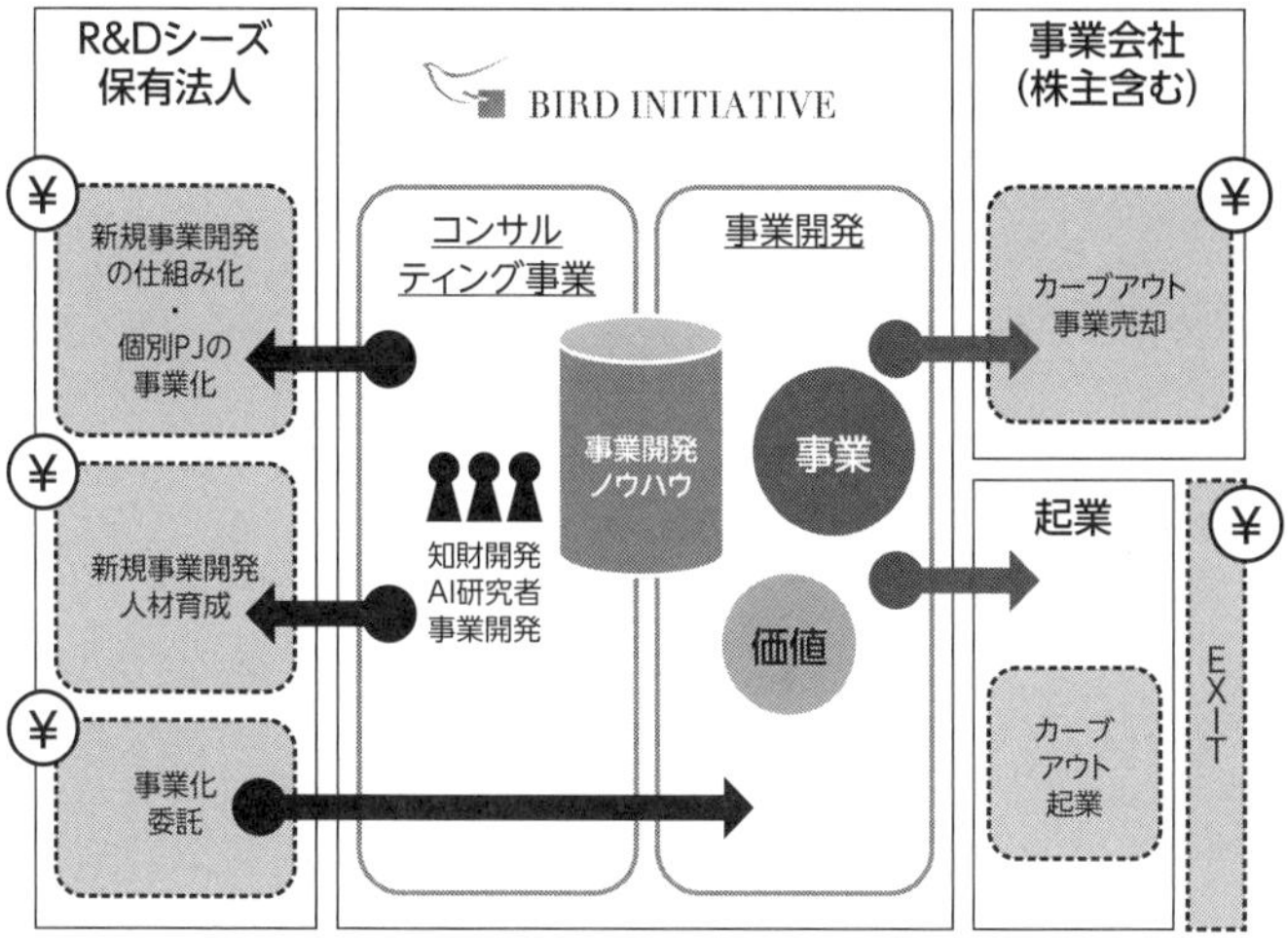

図表21 顧客のシーズを知財戦略×金融で事業化
スタートアップ型事業化の資金獲得と立ち上げ支援

そして、BIRD社の大きな特徴は7社のJVであることです。3社は事業会社ですが残りの4社は投資会社です。カーブアウトして飛び立とうとしている会社の事業開発だけでなく、同時に投資資金を提供することができるようになっています。設立時ではユニークな共創型イノベーション事業会社でした。

スタートアップの事業は、一つの製品を世に送り出すことです。それは今までにない顧客体験を提供し、新たなライフスタイルを創造する力をもたらします。大企業の新規事業開発も、一義的には自社から、あるいは外に切り出したスタートアップから画期的な製品を世に問うことです。さらに、大企業は大きな社会的課題への貢献を果たすために自社で得た新規事業開発に関する知見をほかの企業に提供し、事業化の相互協力やイノベーティブな社会への変革を促すのです。

BIRD社が成し遂げようとしているのは本来の意味でのオープンイノベーションではないかと思っています。自社ブランドで事業化したいプロジェクトは自社ですればよく、自社ブランドではないほうが市場創造と獲得がより早く期待できるプロジェクトならばエコシステム型で新規事業開発をしたほうがよいのです。BIRD社が目指しているのは社会を構成するインフラとして大きな役割を担っている複数の大企業が一緒にリスクを取りながら多面的な視点で事業開発を行い、本当に価値のある自己満足に終わらない事業を創っていこうということです。

また、各社からの出向者が大企業の論理を理解し、その資産も活用しながら自らカーブアウトした会社の経営者となってスタートアップ流の経営を実践し学んでいくことができます。やがてその人材が自社に戻れば、自社のなかでの新規事業開発もできる経営人材となって活躍することができます。

事業開始以来、BIRD社はすでに34件の支援実績を積み上げ、2社のカーブアウトを実現しました。1社は「シミュレーション×機械学習ＡＩ」という技術で、データが大量に必要となるＡＩ分析と異なり、シミュレーションで足りないデータを自動的に生成・補完することで最適な意思決定を支援することができます。もう1社は「シミュレーション×自動交渉ＡＩ」という技術で、集中制御や単なるマッチングとは異なり、ＡＩ同士が合意可能な条件を相談／交渉することによって、別々の目的をもって動いているシステム間での詳細な挙動・利害を調整するというものです。

BIRD社は大企業がオープンイノベーションを通して、自社だけではできない新規事業開発に取り組むための支援をしています。これも大企業の新規事業開発が担うべき社会的な役割だと考えています。

新規事業開発PMOによりコーポレートとしての取り組みを牽引

大企業での新規事業開発は、複数の取り組みが並行して進みます。スタートアップ1社であれば、事業も1つですが、企業規模が大きく、部門に分かれて多様な市場でさまざまな事業を展開している大企業は、新規事業開発も同時並行で多くの取り組みが進みます。コーポレートとして部門横断で取り組んでいる新規事業開発がある一方、各事業部門内で部門の予算内で独立して取り組まれている新規事業も多いのです。

そのなかにはテーマがダブっているものも少なくありません。各部門がそれぞれ顧客から相談を受けたりして取り組みが始まり、互いに知らないまま事業開発が進んでしまっているというものです。市場には時代のトレンドとなるテーマがあります。少し前なら農業やヘルスケア、最近ではドローンや自動運転、生成ＡＩの活用などがその一例です。

顧客からこのテーマで新しいことができないかと相談を受け、部門が新規事業開発に取り組み、その結果社内の各部門に似たようなプロジェクトが立ち上がることが少なくありません。

当然、似たような市場調査や分析、技術情報の収集やソフト開発、プロトタイプの製作などがバラバラに進められ重複する業務やコストも発生します。経営トップが無駄だから１つにしろと号令を掛けても、顧客を目の前にしている部門はとにかく要請に応えたいと近視眼的にならざるを得ず、自部門の開発だけは残したいと考えるために一本化は進みません。

そこで必要になるのがＰＭＯ（Project Management Office）による新規事業開発の総合

的なマネジメントです。複数の新規事業開発プロジェクトが走る大企業では、この組織化は非常に効果的です。

新規事業開発を所管するＰＭＯを事業開発領域ごとに社内に立ち上げ、全社、全部門で進行している新規事業開発プロジェクトを掌握しマネジメントしていくのです。

その役割は大きく３つあります。

１つ目はＢＲＬ‐ＴＲＬの２軸による各プロジェクトの進捗状況の把握、２つ目は開発段階に応じた事業性価値評価、そして３つ目が、評価を基礎にした各プロジェクトに対する投資方針の決定です。

当然、一定のプロジェクトはほかとの統合やピボット、撤退という判断も下すことになります。ＰＭＯマネジメントで重要になるのは客観性のある定量データに基づく判断と第三者視点です。これを欠けば各プロジェクト推進者を納得させることができません。

ＮＥＣでも例えば、ヘルスケアをテーマにした新規事業開発がさまざまな事業部門で乱立するということが定期的に発生していました。この負のスパイラルを打破するためにＰＭＯマネジメントの強化が欠かせないと判断、ＰＭＯの仕組みを整え、それまで培った新規事業開発プロセスのノウハウ提供や、定期的な事業性価値評価を実施していきました。

そしてあるプロジェクトについては、現状ではコーポレートとしての支援は難しいとか、支援が必要なら具体的に改善が欠かせない点をアドバイスしました。またこのプロジェクトは別部門で進行中のものと合体すればより大きな成果が出ると思い、部門から引き上げて企業の管理で新たな投資を付けて進行するといったプロジェクトマネジメントを進めていったのです。

ＰＭＯの存在が全社に浸透するにつれて、事業部門のほうから、今こういう新規事業開発を検討中だが、社内に類似のものがあるか、活用できるリソースがないかといった問い合わせが増えてきました。さらにはどうすれば全社としての取り組みになるか相談したいという声が積極的に寄せられるようになりました。新規事業開発では責任者が明確な旗を掲げ、自然とその旗のもとに情報が集まる仕組みづくりが必要です。

こうしてＮＥＣの新規事業開発ＰＭＯは、ＢＩＵ設立以来のさまざまな取り組みやノウハウの蓄積を集大成するものとして、ＮＥＣからイノベーションを創出していく拠点を構築するものとなりました。

PART 7

大企業が新規事業を成功させることで、さらにイノベーション文化を日本に根づかせることができる――

イノベーションを起こすことは大企業の使命

「日本の大企業はイノベーションが起こせない」と、まだまだ言われ続けています。日本の多くの大企業が「従来の成功モデルから脱却できない」「既存事業による短期的な業績の維持にとらわれている」「内部のリソースにこだわり過ぎる」といった課題を抱えていることは否定できません。

しかしその一方で、日本の多くの大企業は、特に製造業で世界トップレベルの技術力をもち、高品質の製品を提供し続けています。潤沢な資金力と勤勉で優秀な労働力を有していることも事実であり、社会課題への高い関心ももっています。

近年、欧米の企業は「パーパス（目的、存在意義）」ということを盛んに口にするようになりました。株主第一の資本主義が、地球が誕生以来蓄えてきた資源をあたかも無尽蔵に存在するものであるかのように消費し、また廃棄物による環境負荷を拡大し、さらに社会的な格差を広げてさまざまな危機を招来しています。このようななかで、「株主資本主義からステークホルダー資本主義へのグレートリセット」（世界経済フォーラムが主催するダボス会議の2021年のテーマ）が求められるようになりました。「グレートリセット」の趣旨は、持続可能で平等な社会を実現するために、これまでの社会や経済のあらゆるシステムを見直すことが不可欠で、企業は改めて「自社は何のために存在するのか」というパーパスに立ち戻らなければならない、そして、社会に対してどのような価値を提供するのか考えることが必要だと述べています。その文脈のなかで、人を大切にする経営、人がいきいきと働く環境づくり、互いを高め合うチームワークの重要性といったことも語られるようになりました。企業は利益を生むための装置ではなく、社会や地域を豊かにし、働く人の成長の場となり人間的な成熟を促していくためにこそ存在しているものだからです。

ところがこうしたことは、違う言葉遣いではあれ、もともと日本の企業に備わっていた特長でもあります。「世のため人のため」「自社を富ましめるのではなく社会を富ましめる」「三方良し」などというような商売の理念や価値観は古くは江戸時代から今に受け継がれている日本的経営の基本精神です。実は日本には100年を超える歴史をもつ企業が非常に多く存在しており、長寿の理由もこの伝統精神によるところが大きいのではないかと思います。

日経BPコンサルティングが運営する「周年事業ラボ」の最新の調査によれば、世界の創業100年以上の企業7万4037社のうち日本企業は3万7085社で、全体の50・1%を占めています。半数以上が日本の会社です。しかも2位のアメリカを20ポイント以上も引き離す圧倒的な1位です。つまり日本には収益を上げ続け、社会に必要とされながら事業を継続している企業が世界で最も多く、その過半が一定規模の売上を確保し、特に500億円以上を売り上げる大企業から多くの100年企業が誕生しています。

これこそ日本企業がもつ伝統的な理念の賜物だと思います。日本の大企業は三方良しの精神で結束し、前に進む力を備えています。昨今、欧米が「パーパス」「インテグリティ」や「チームワーク」といった言葉で新たに身につけなければならないと考えている価値観は、古くから日本の伝統的な商いの精神のなかで大事にされてきたものです。それを強みとして自覚し、それぞれの「パーパス」のもとにイノベーションを創出していくことができれば、豊かな未来社会づくりに向けて大きな役割を果たすことができます。イノベーションといえばスタートアップが注目されますが、社会的な存在であることへの自覚が強く、豊富な経営資源をもち、それを一気に市場に投入することで社会に大きな影響力を及ぼすことができる大企業こそ、新たな価値創造の先頭に立つ使命があると思います。

こうすればイノベーションが起こせるという万能薬があるわけでなく、これがイノベーションだという決まった形もありません。GAFAMのような世界的なプラットフォームの創出によるサービス展開だけが、イノベーションだということもありません。「自社ではなく社会」あるいは「三方良し」という理念を突き詰めることが魅力的なビジネスモデルの開発につながるかもしれません。

技術発明を基にした製品の開発や、従来技術や生産システムの改善・改良を重視したイノベーションもあります。自社の存在意義や社会に届けたい価値は何かということをしっかりと見据え、クローズやオープンなどさまざまな手法を使い分けながらスタートアップの成長力を取り込み、相互成長を促すことが大企業発のイノベーションの創出につながります。

成長し続ける企業は常に自己変革を目指す企業

しかしイノベーションを創出する企業であるためには、企業自身が常に成長を求めている存在であることが大前提です。めまぐるしく変化する時代のなかでいかに売上・利益を挙げていようとも、現状維持は後退でしかありません。現状が守れたと安堵するのではなく、このままでは未来はないという危機感をもち、絶えざる自己変革と価値創造をしていくことが欠かせません。そのポイントは次の3つです。

①時代に取り残される前に、常に自己変革を続ける経営であること
②現業の深化と未知の探索を両立している組織であること
③イノベーションと現業が循環するカルチャーがあること

この3つを備えた企業こそイノベーションを起こしながらたくましく変化し生き残っていく企業です。

自己変革を進めるために必要なのは、まず今自社がどこにいるのかを知ることです。古くからのマーケティングメソッド3Cを社内で真に使いこなしている企業はまだまだ少ない印象です。特に顧客の分析では既存事業領域に縛られることなく、マクロな視点で大きな時代の節目を見抜いていくことが重要です。成功体験に縛られることなく既存市場の限界を見極めることも新たな挑戦につながります。自己変革を行うには3C分析に加え、失

敗を許容できる財務力と文化をもっていることも欠かせません。

自己変革による新たな挑戦を経て、その結果生き残ったものは会社にとって大きな財産になります。たとえ大きな事業にならなくても、既存事業の強化に寄与するような人の育成につながったり、既存のものとはまったく異なる新たな事業の成長のきっかけをつかんだりすることもできます。こうしたチャレンジを重ねながら、企業は自己変革を続けていくのです。

ビジネスモデルを強化し続ける

ではそれをいかにして成し遂げるのか——要素として考えられるのは大きく2つです。一つは既存の優れたビジネスモデルをブラッシュアップしながら勝負する深化という側面です。

優れたビジネスモデルで勝負するというとやや語弊があるかもしれません。最初からそのようなビジネスモデルが存在したり、どこからかもたらされたりするものではないからです。成長し続けている会社は、その会社なりの強みを活かした新しいビジネスモデルを開発し、その領域で先頭に立ち、利益を大きくする仕組みを備えています。必ずしも初めから優れたビジネスモデルだったのではありません。事業を続けることによって顧客が増え、提供価値が洗練されると同時に、提供価値を強化するためのキーリソース（資源）も強化されていきます。それが再投入されることでさらに提供価値が高まり、ますます顧客が増え、ビジネスが大きくなって強みが増していく……このような強化の好循環に入っているようなビジネスモデルこそ優れたものといえます。初めから優れたビジネスモデルがあるのではなく、既存事業のなかに強化のサイクルを用意し、それを回すことを考えながらビジネスモデルを洗練していくことが必要なのです。これは既存事業を深化し強化していく取り組みだということができます。

業界の壁を越え、新たな領域に出る

その一方で企業の自己変革にとっては、業界の壁を越えることも重要です。これは既存のビジネスモデルの強化や拡充が深化であったのに対して、新たな未知の領域に踏み出していく「探索」という活動です。

業界と呼ばれる枠組みは、規制環境や競争構造、特有のサプライチェーンだけでなく、専門のアナリストが各産業の動向や課題を分かりやすくするために便宜的にいくつかにくくった側面もあります。しかし、特に今の時代は多くの企業が業界の垣根をどんどん越境しています。例えば通信キャリアです。各大手キャリアは単なる通信インフラの担い手から、通信インフラを駆使した多様なサービスを手掛けるようになっています。

所属する業界に縛られることによって新規事業のアイデアが広がらない、ということはよく見られることです。業界の壁を越えるからこそ発想が豊かになり新たな価値の創出ができます。ＮＴＴデータの当時の岩本敏男社長は、同社が顧客や社会の課題とＮＴＴデータの技術をつなぐ「共創ワークショップ」を頻繁に開催している理由を聞かれて、「現場のお客様が悩んでいることと、私たちが持っている新しい技術が火花を散ったときにイノベーションが生まれる」と考えるからだと語っています（「イノベーション１００委員会レポート」）。

積極的に自らの業界の垣根を越えていくことは当たり前になりました。業界の壁を越えるような状況では、業界と業界の狭間で新しいビジネスが起こしやすくなります。また既得権益者が固まっていないのでビジネスチャンスも大きくなります。そのような場所に向かって行動していく「探索」が企業の自己変革のために重要になるのです。かつて2012年にソニーが赤字に陥ったときに社長に就任し、2期6年で過去最高益を上げるまでに劇的に復活させた平井一夫氏は、常に2つのイノベーションを意識してきたと振り返り「1つは既存事業の製品やサービスを、イノベーションで大きくして違う軸に持って行くもの。もう1つは、まったく違うビジネスに参入するもの」と明確に語っています(前掲レポート)。

大企業には実績のある大きな既存事業があります。この深化と新規事業の探索を両立させていくこと、その両立の仕方の工夫にこそ企業の自己変革を実現しイノベーションを成功させるポイントがあります。

新規事業の価値をどう判断するか

既存事業の成長・拡大と同時に新規事業開発が欠かせないとはいえ、新規事業は儲けにつながれば何でもよいというものではありません。それは持続的に社会的な価値を創出するものでなければならず、そのためには、社会、顧客、チーム、経営という4つの観点から常に新規事業を見直すことが求められます。

特に現在はＳＤＧｓに代表されるように、多様な社会課題を解いていくことが大企業の果たすべき役割として求められています。なかでも大企業は社会的な影響力が大きく、関係する取引先、働く人の数も多いことから社会の公器として認識され、社会的課題を解決するというスタンスがなければ存在が認められない時代です。

また、これから新しく社会に出てくる若い人は、社会課題を解決するということを当たり前に考えている世代であり、社会に貢献するからこそ会社の存在価値があり、会社で働く人も活きてくるという考え方です。ＥＳＧ投資など投資家の視点からも、社会課題の解決に貢献する企業活動が当たり前になっています。企業活動を通して社会に価値を提供し、日本や世界をより良いものにしていくということはもはや必須であり、社会という観点を抜きに価値創出を考えることはできません。

価値創出の2番目の観点は顧客です。企業活動の結果誰からお金をもらうのかといえば、やはり顧客です。顧客が価値を感じるようなものを提供しなければなりません。

さらに、その価値を提供するのは社員であり、ともに働く人々です。したがって、新たな価値を創出しようとするチームに対してもしっかりと価値をもたらすことが求められます。これが価値創出の3つ目の観点です。それは、このチームが絶対に必要だという存在価値であり、なぜその事業をするかという価値観の提供でもあります。一緒に働く人たちが、業務を通じてその仕事をする価値を受け止めることができているかどうか、これが重要です。従業員は企業の金儲けのための存在ではありません。特に今の優秀な人は、「自分がいかに成長できるのか?」ということにこだわりをもっています。自分が入った会社に、成長を実現し実感できるようなチャンスがあるか、そのために教育を受ける環境はあるか? 挑戦しがいのあるプロジェクトに携われるのか? こうしたことが大きな関心事になり、そのような観点でチームメンバーとのコミュニケーションを取ろうとします。自分の成長を楽しみにしながら意欲的ではつらつと活動できるチームがなければ新たな価値創造はできません。

そして、新規事業を発展させていくためには、経営の賛同が必要です。事業が持続的に価値を創造し続けるようになれば、経営はひとまず安心できます。次の新しいチャレンジに対する勇気も湧き、事業の拡大に伴ってリソースを増やしていく取り組みにも着手できます。持続的価値を創造するためには経営者とのコミュニケーションが欠かせません。この4つの価値に目を配り、バランスを取りながら価値の創造に向かい、行動指針をつくっていくことが重要です。

「両利きの経営」が組織を変える

企業が常に自己変革を遂げ成長し続けるためには、一方では既存事業の「深化」と他方での新規事業の「探索」が必要だと書きました。これはチャールズ・A・オライリー氏とマイケル・L・タッシュマン氏の共著『両利きの経営――「二兎を追う」戦略が未来を切り拓く――』（東洋経済新報社）で明らかにされた企業経営論です。

「両利きの経営」というのは、成功している企業が環境の変化に対応し、イノベーションを起こしていくことが難しい理由の回答として導かれました。つまり、「両利きの経営」は既存事業の成功をより「深化」していきながら、今ある組織能力を活用し新規事業を「探索」していくという〝二兎を追う経営〟だととらえることができます。

いかにして企業（特に大企業）がイノベーションを継続的に起こし、その企業価値を高め続けていけるのか、それを既存事業と新規事業との、さらにはそれぞれの担い手の、交流、協働について説いた組織論でもあり、大企業での新規事業の創造、それを通したよりイノベーティブな組織への自己変革という意味で、非常に大切な考え方です。私自身も、既存事業のなかから新規事業を切り出して育て、それを既存事業へと還流させることを考えたり、既存事業に携わる深化部隊と新規事業開発に取り組む探索部隊を分けたりしました。そうしつつも、完全に切り離すのではなく交流し、相互に高め合う関係づくりを模索するなど、私なりの両利きの経営を追求してきました。大企業からいかに新規事業を創出するか、それをいかに大企業の自己変革につなげていくかという私が担った課題の解決のヒントは、間違いなくオライリー氏らの「両利きの経営」にありました。

重要なことは、既存事業を深掘りする能力と新規事業を探索する能力を同時に追求することのできる組織能力の獲得を目指すことです。両利きの経営は2つのチームをもち、それぞれを動かすことではありません。それが同時に機能し企業価値を全体として高めるような仕組みをつくり、マネジメントしていくことが必要だと思います。それができなければ異なる能力と目標をもつ2つの部隊は対立し、どこかで衝突することになるからです。

既存の深化と未知の探索――この2つの仕事の間で整合性を取るためにはオライリー氏らがいうように「異なる文化が必要だとリーダーが理解すること」です。既存事業を深めていくうえで必要なことは、改善策を考えたり細部まで注意深く検討したりといったことです。一方で、新規事業を探していくうえではある程度のリスクを許容する勇気と柔軟な考えが必要です。それぞれが異なる文化であるため、だからこそ2つの組織を結びつける共通の価値観が必要であり、それを体現して両者を結びつけるリーダーの存在が必要です。両利きの経営を成功させ、イノベーションの創出を可能にするのは、最終的には強いリーダーシップをもった経営者の存在にほかなりません。

トップのコミットメントが「両利きの経営」を可能にする

「両利きの経営」を通して新規事業開発やそれを通じたイノベーションの創出を実現するためには、経営トップの強力なコミットメントが必要です。

ともすれば新規事業開発に求められる行動特性を確認せず、既存事業のエース級の人材を充てて済ませてしまったり、担当役員任せにしてしまったりすることが往々にして見られます。しかし、経営トップ自らが新規事業開発を通した新たな価値創造の取り組みについて、守護神となって自分の時間を使って担当者や担当チームを激励することは大切です。その意義を自分の言葉で社内外に発信していかなければ、なかなか成果が見えず、失敗の可能性も高い新規事業開発を粘り強く継続していくことはできません。

また既存事業部門からは当然、成果が見えないことへの不満が表明されます。経営トップは既存事業部門に向けて、既存事業の市場よりも小さく、そこに顧客のニーズが存在するかも未知数であるところに、今新たな投資をすべきである理由を説明し続ける必要があります。既存事業部門から新規事業部門に対して発せられる、なぜ今この投資をするのかという問いは、日本でも全国の大企業の役員室で毎日のように繰り返されているのです。そして居並ぶ多くの役員が心の底で同意しています。

トップがどれだけの強い意志で新たな価値創造に立ち向かっていくのか〝腹を決めているか〟が、探索部隊に勇気とパワーをもたらし、深化部隊と探索部隊の2つを、より高い目標のもとにまとめます。

例えばNECでは2010年に遠藤信博氏が社長に就任し、保守的な組織風土からの脱却を目指し、新規事業開発ができる組織への変革がさまざまな形で進められました。「両利きの経営」での一方の探索活動の担い手であるBIUの設置もその一環です。遠藤氏はこう語っています。「組織を作ると、部分最適になる。組織はある目的を効率的に実現するために作られたものだから、当然その中で効率の最大化を考える。ある種致し方ない部分もあるが、組織の上に目標を設定すると組織の壁は自ずとなくなる。会社の価値を最大限に活かすことが経営者の役割」。そして「イノベーションに向けて必要なのは、個別最適を全体最適にしていくこと」と考え、リーダーシップを発揮するトップマネジメントのチームを設立し、組織の壁を越えた目標を設定してディスカッションの場を設け、マネジメント層の意識改革に取り組んでいきました。まさに両利きの経営を成り立たせるための、深化部隊と探索部隊を共通の価値観で引っ張っていくためのトップマネジメントであったと思います（「イノベーション100委員会レポート」）。

同じフィルム専売メーカーでありながら、フィルム市場の急速な衰退のなかでコダックと富士フイルムの取った戦略とその結末はあまりにも対照的なものでした。コダックは新規事業への切り替えに失敗して2012年に倒産、今は再上場を果たしていますが、事業規模も企業価値も大幅に縮小しています。一方の富士フイルムは、自社の技術資源が写真フィルム以外のどの市場で有効か、さらには新たな技術で新たな市場にチャレンジすることも含めて「Value from Innovation」をコーポレートスローガンとして掲げて探索活動に積極的に取り組んでいます。従来のフィルム事業中心の事業ポートフォリオを劇的に変えて、メディカルシステム機器や医薬品開発などのヘルスケア事業と高機能材料関連事業などを大きく伸ばし、現在はヘルスケア事業が売上高、営業利益ともに最大のセグメントとなっています。

この大胆な転換を新任のCEOとして指揮を執った古森重隆氏はこう語っています。

「経営者には時流を読む力が必要だ……環境の激変や大問題が起きた状況を読む、これからどうなるかという未来を読む。未来を読むことができれば、未来に対する手立てを考えることができる」。しかし、「未来は100%はわからない。やるかやらないかという案が出てきた時には、成功確率が6割あったらやる。5割だったらギャンブル。ただし、経営として揺るがないギャンブルだったらやってみる選択もする」。また古森氏は「トップとして意識すべきは、会社が持つ価値は何かということだ。それは社会に与える価値である。利益を与えることだけが会社の目的であるかのような風潮が一部にはあるが、そうではない。最大のステークホルダーは社会だ。（中略）富士フイルムは、いい薬を将来作れる可能性がある。社会的価値を世の中に与えることができる、その価値を発揮することが大事。それが結局収益を生む」とも述べています（「イノベーション100委員会レポート」）。

最初から最後までトップが関与する

既存事業部門との軋轢《あつれき》は常にありましたが、事業開発や人材育成などについて既存事業部門と新規事業部門の交流を常に意識し、仕組みとしてもつくり上げていったこと、そして経営トップの強いコミットメントが終始一貫して得られたことが、ＮＥＣの新規事業開発の成功に道を拓きました。ＢＩＵは当初からＮＥＣのトップマネジメント直属の組織であり、実際に新規事業開発チームを率いた私は経営の最終意思決定をするＣＥＯと財務面の最高責任者であるＣＦＯと直接話す機会が多く、その合意を得ながら業務を進めることができたことは非常にありがたいことでした。新規事業開発に対してネガティブな役員には、現場の私たち自身が経営における新規事業の必要性やデザイン思考をはじめとする新規事業開発のマネジメントスタイルについて積極的に伝え続け、賛同を得てきました。

私自身、ＮＥＣのCorporate SVPと兼務でBIRD INITIATIVEの代表取締役を務めているなかで、小なりといえど資本金６億４０００万円（設立時、資本準備金含む）の６社（２０２３年時点７社）のＪＶの経営の舵取りは想像以上のプレッシャーになりました。トップマネジメントが背負っている経営の真のプレッシャーは、その椅子に座ってみるまで分かりませんでした。株主との約束を果たし、従業員全員に毎月きちんと給料を払い、また経営の最終責任者としてさまざまな決断もしなければなりません。失敗する確率のほうがはるかに高い新規事業には腰が引けて消極的にならざるを得ないということは、実際に社長になってみるとよく分かります。その意味でも、新規事業にトップが関与し続けることは非常に重要であり、そういう環境づくりも大切です。

ＮＥＣでは２０１８年に、コーポレートに「カルチャー変革本部」を設け、日本マイクロソフトで人事部門の責任者を務めていた佐藤千佳氏を招いて本部長に据え、ＮＥＣの「やり抜く力」を高めるため、文字どおり組織の上から下までの意識改革を目指しました。特にトップマネジメント層から仕組み変革を取り入れ、現在でも時代に即したカルチャー変革に挑戦し続けています。

エピローグ

2012年7月20日、NECの株価はデータで確認できる1977年以降で初めて100円を割り込み、さらに4日後には96円にまで下落しました。私がこの会社に入ったのは1993年です。2000年には3450円という上場以来の最高値を付けたこともあった株価が、経営の「危険ライン」と呼ばれる100円を切ってしまったのです。社会的な反響も大きく、また私自身も「このままではいけない」という強い危機感をもちました。

「魅力的な事業に乏しく、稼ぐ力がない」といわれるなか、NECは生まれ変わりを懸けて新規事業の創出とそれを可能にする組織風土への革新を掲げてBIUを発足させ、私もその一人として参加しました。

もちろん〝巨艦〟NECに影響を与えることは簡単ではありません。なかでもカーブアウトという技術や資本を外に切り出し事業成長を目指す手法の採用は、特に当社のど真ん中の技術とエース研究者を差し出すものであったことから、激しい抵抗に遭いました。諦めかけたこともありましたが、この技術は外で早急に事業化しなければチャンスを逃す、社内ルールを優先し、それを守っても、事業の芽を摘んでしまっては損失が計り知れないと社内を説得し、一つひとつの疑問や批判に丁寧に答え、新たなスキームを開発してカーブアウトを成功させました。私が諦めるのも、退職するのも簡単でした。しかし、私はこの会社を変えたいと思っていたのです。その後もカーブアウトやオープンイノベーションの試みが成功、「あのNECが変わった」と評価していただけるようになりました。

NECがイノベーティブな組織へと変わることができたのは、遠藤信博氏、新野隆氏、森田隆之氏と続く歴代社長、BIUそれに続くGIU（グローバルイノベーションユニット）ユニット長であった清水隆明氏、藤川修氏、西原基夫氏をはじめ本気でNECを変えたいと思った経営陣が、数十年に1度の惑星直列のように同時期に経営を担っていた幸運でした。また、さまざまなイノベーションの困難に直面したとき、日本企業のカルチャーを変えるという同じ志をもつ多くの社内外の有識者、挑戦し続けている経験者から生々しい経験を学ぶ時間をいただくことができ、感謝の気持ちは尽きません。私が受けた支援とそれに対する感謝を次の誰かにつなげたい気持ちもあり、本書の発刊となりました。本当にありがとうございました。

私の仕事の哲学は「Stay Positive, Work Simple」です。つらいことがあっても、面倒だと感じることがあっても下を向かず前を向こうと心掛けてきました。

ポジティブな気持ちでいる限り前向きになります。

経営者はマラソンランナーに似ています。経営には「豪腕」とか「敏腕」とか、「腕力」が必要だと思われていますが、私の実感でいえば、大切なのは「脚力」です。

困難に直面したとき、私たちは立ち止まってしまいます。考え込んだり、ひたすら打ち合わせを重ねたりして、その場で止まってしまうものです。しかし立ち止まってしまうと、ただ振り返るだけなので足跡は何も残りません。1歩でも2歩でも、大変なときなら半歩でも足を踏み出していく。そして、なんとか顧客の期待を超えようとし続けていれば、いずれは脚力が付きます。

苦しいときでも、1歩でも2歩でも前に足を運ぶ力を付ける。それを可能にする考える力や実行力を付ける――こうして鍛えられた脚力は、人よりも速く、人よりも遠くへとたどり着ける力になります。「Stay Positive, Work Simple」、そして一歩でも前へ、これからも歩み続けます。

北瀬 聖光（きたせ まさみつ）

日本電気株式会社 Corporate SVP兼ヘルスケア・ライフサイエンス事業部門長
BIRD INITIATIVE株式会社 代表取締役
1993年NEC入社。文教・科学市場で数多くの世界初・日本初の最先端事業開発を実現。
北米dotData, Inc.カーブアウト、オープンイノベーションによるAI創薬、Spin-In事業開発、クラウドファンディング活用など大企業におけるイノベーションの組織開発、人材開発、事業開発の実績多数。2017年4月NEC事業イノベーション戦略本部長を経て、2020年共創型R&D事業BIRD INITIATIVE代表取締役就任（現任）、dotData, Inc.取締役等を歴任。

本書についての
ご意見・ご感想はコチラ

大企業イノベーション
新規事業を成功に導く4つの鍵

2023年11月30日　第1刷発行

著　者　　北瀬聖光
発行人　　久保田貴幸

発行元　　株式会社 幻冬舎メディアコンサルティング
〒151-0051　東京都渋谷区千駄ヶ谷4-9-7
電話　03-5411-6440（編集）

発売元　　株式会社 幻冬舎
〒151-0051　東京都渋谷区千駄ヶ谷4-9-7
電話　03-5411-6222（営業）

印刷・製本　中央精版印刷株式会社
装　丁　　弓田和則

検印廃止

Printed in Japan
ISBN 978-4-344-94746-7 C0034
幻冬舎メディアコンサルティングＨＰ
https://www.gentosha-mc.com/